ANJA SIEPMANN

Achtsamkeit in der Liebe

Für eine erfüllte Partnerschaft

SCORPIO

Anja Siepmann ist Heilpraktikerin für Psychotherapie mit eigener Praxis. Sie leitet Achtsamkeitskurse, Aufstellungsseminare und vermittelt die Übung der Achtsamkeit auch in Unternehmen. In dieser Reihe ist bereits von ihr erschienen: »Gelassen arbeiten«.
Sie lebt mit ihrem Mann in Köln.
www.anjasiepmann.de

© 2017 Scorpio Verlag GmbH & Co. KG, München
Umschlaggestaltung: Hauptmann & Kompanie Werbeagentur, Zürich
Layout und Satz: Veronika Preisler, München
Druck und Bindung: Print Consult, München
ISBN 978-3-95803-095-4
www.scorpio-verlag.de

Inhalt

Vorwort

Ertappen Sie sich manchmal dabei, am Glück Ihrer Beziehung zu zweifeln? Lassen Sie sich verunsichern, weil das Zusammenleben weniger erfüllt, weniger aufregend, weniger beständig, leicht oder freudvoll scheint, als Sie es sich ausgemalt haben? Ich möchte Sie ermutigen, diesen Sorgen und Zweifeln weniger Beachtung zu schenken. Denn Sorgen und Zweifel sind ein idealer Nährboden für noch mehr Sorgen und Zweifel. Sie verstellen uns den Blick auf das Kostbare, Gute und Förderliche in unserem (Paar-)Leben. Und damit stellen sie sich auch allen Bemühungen um mehr Erfüllung und Freude in den Weg.

In diesem Buch möchte ich Ihnen zeigen, wie Sie den Herausforderungen in Ihrer Beziehung begegnen können, ohne sich von negativen Gedanken vereinnahmen zu lassen. Dabei geht es nicht darum, Schwierigkeiten zu ignorieren oder schönzureden. Vielmehr möchte ich Ihnen zeigen, wie Sie den Ursachen für Anspannung und Unzufriedenheit auf den Grund gehen und gleichzeitig Ihr volles Potenzial für eine erfüllte Beziehung entfalten können.

Dabei ist es so, dass die Art und Weise, wie wir

unsere Paarbeziehung erleben und gestalten, stark davon geprägt ist, welche Erfahrungen wir bislang in unserem Leben mit Nähe, Vertrauen, Geborgenheit, Halt und Liebe gemacht haben. Und da kein Menschenleben einem anderen aufs Haar gleicht, erlebt und gestaltet jeder einzelne Mensch Beziehung individuell verschieden. Was wir im Rheinland etwas lax mit »jeder Jeck is anders« formulieren, ist eine fundamentale Tatsache.

Daher möchte ich Sie einladen, meine Erfahrungsberichte und Handlungsanregungen nicht eins zu eins auf sich selbst zu übertragen. Lassen Sie zu, dass die im Buch angeführten Beispiele Ihre Neugierde wecken, lassen Sie sich inspirieren und experimentieren Sie mit den Übungen, sodass Sie diese an Ihr Leben, Ihre Erfahrungen und Ihre Partnerschaft anpassen können.

1

An guten wie an schlechten Tagen

Seit 25 Jahren bin ich mit meinem Mann zusammen. Seit 19 Jahren teilen wir Kühlschrank, Zahnpasta und Hausputz miteinander. Seit 13 Jahren sind wir verheiratet. Bis vor Kurzem vereinte uns auch die Arbeit im Filmgeschäft. Als ich die Branche 2010 nach 20 Jahren verließ und mich als Coach und Therapeutin selbstständig machte, hat mein Mann diesen Karrierewechsel nach Kräften unterstützt. Wenn ich gefragt werde, bekenne ich aus tiefstem Herzen, dass ich meinen Mann liebe und wir ein glückliches Paar sind. Ebenso wahr ist aber, dass wir es auch schwer hatten und immer wieder haben: Gesundheitliche Krisen, Liebschaften, berufliche Herausforderungen, die das Äußerste von uns verlangten, und insbesondere der bittere Abschied vom Traum eigener Kinder haben unsere Beziehung mehr als einmal auf die Probe gestellt. Aber auch die Tatsache, dass Jörg eine Nachteule ist und ich ein früher Vogel bin, dass er Gartenarbeit ablehnt, während ich gerne mit ihm gemeinsam im Grünen buddeln würde, hat uns schon einige Verstimmungen beschert. Ganz abgesehen von unseren völlig verschiedenen Vorstellungen von Ordnung. Wie wir kleine und große Krisen gemeistert haben? Wir haben sie als das gesehen, was sie sind: Wolken am Himmel. Wir wissen, dass sie zum Leben gehören und wir nicht verhindern können, dass ab und zu Dinge geschehen, die die Sonne verdunkeln. Aber wir können lernen, das Wetter immer besser zu lesen und uns darauf einzustellen. Ganz nach dem Motto:

Schlechtes Wetter gibt es nicht.
Es gibt nur schlechte Kleidung.
Volksweisheit

Heute können wir harmlose Nebelschwaden ignorieren, schweren Gewitterwolken dagegen ernst, aber nicht zu ernst begegnen. Wir können uns gegen Regen, Hagel und Schnee einen sicheren Unterstand bauen und Sonnenschein in vollen Zügen genießen. Ganz allmählich verlieren wir sogar die Angst vor Gewitter, da wir heute wissen, dass die

Luft hinterher klarer ist und die Sonne wieder scheint. Jörg und ich lernen jeden Tag dazu, was wir tun und was wir lassen können, damit wir glücklich sind – an guten wie an schlechten Tagen.

Achtsamkeit – ein Kleid für jedes Wetter

Ich habe festgestellt, dass wir Menschen uns bei Beziehungsproblemen im Grunde ganz ähnlich verhalten wie bei miesem Wetter. Wir regen uns auf, klagen an, verkriechen uns und verlangen nach Besserung. Manche heben sogar drohend die Fäuste gen Himmel! Das alles kostet Energie – positiven Einfluss auf die Wetterlage hat es jedoch nicht.

Was das Wetter sowohl meteorologisch als auch in Sachen Beziehung tatsächlich beeinflusst, ist das Klima. Wenn wir also für gutes Klima und passende Kleidung sorgen, werden wir unser Leben zu zweit mehr genießen können. Vielleicht finden wir das Spiel der Wolken dann sogar interessant, weil wir wissen, dass sie nicht der Himmel sind.

Statt über das Wetter bzw. eine Krise zu klagen, können wir auch mitfühlend auf sie reagieren. Wie hilfreich das ist, wurde mir zu Beginn unserer Beziehung bewusst.

Aus der Not eine Tugend machen

Damals litt ich extrem darunter, dass wir mehr als 400 Kilometer getrennt waren. Ich studierte in Ludwigsburg, während Jörg in unserer gemeinsamen Heimat im Ruhrgebiet lebte. Manchmal kam es vor, dass bei unserer Verabschiedung nach einem gemeinsamen Wochenende irgendetwas schieflief – ein falsches Wort, eine abweisende Geste – und ich mit einem schlechten Gefühl in den Zug stieg. Oft erlebte ich dann eine Höllenfahrt mit endlosen Grübeleien darüber, wie er dieses oder jenes gemeint haben könnte. Mit jedem Kilometer Bahnstrecke wurde ich unsicherer und niedergeschlagener. Es konnte passieren, dass ich aus dem Karussell negativer Gedanken und Gefühle nicht herausfand und bei meiner Ankunft überzeugt war, dass Jörg mich nicht liebte. Manchmal steckte ich noch Tage danach in einer Krise. Unsere Fernbeziehung dauerte sechs Jahre, aber bereits nach wenigen Monaten ahnte ich, dass mich die Grübeleien in die Irre führten. Sie entsprachen nicht der Realität, unsere Verbindung war stark und wir beide entschlossen, unsere Liebe über die Distanz zu retten. Ich versuchte, aus der Not eine Tugend zu machen, und übte mich darin, aus der Achterbahn ängstlicher Gedanken auszusteigen. Mich stattdessen auf die vielen tollen Stunden vor der missglückten Verabschiedung zu besinnen. Damit entspannte sich mein Körper, mein Gesicht wurde weicher, manchmal kullerten ein paar Tränen, aber längst nicht so dramatisch wie in dem Moment, wo ich von einem Horrorgedanken zum nächsten sprang. Vielmehr kam jetzt etwas Zartes zum Vorschein, ich hatte Mitgefühl für meine Sehnsucht und meinen Trennungsschmerz. Die Wolken waren nicht der Himmel. Wenn ich mich meinen inneren Erfahrungen widmete, war ich hinterher wie gereinigt, hatte mehr Gefühl für mich und fand Vertrauen in die Liebe. Innehalten, mich spüren, ohne auszuagieren und meiner inneren Stimme hinter Gedanken, Körperempfindungen und Gefühlen zu lauschen, hat mir immer wieder den rechten Weg in die Liebe gewiesen.

Achtsamkeit ist wie ein perfektes Kleidungsstück für jedes Wetter, das uns schützt, ohne einzuengen, das uns wärmt bei Kälte und kühlt bei Hitze, das uns bedeckt und doch unsere ganz eigene, unverwechselbare Schönheit zum Ausdruck bringt.

Erst viel später, während meiner Ausbildung in Humanistischer Psychotherapie, habe ich erfahren, dass das der Grundgedanke der Achtsamkeit ist.

Achtsamkeit wurde zum Fundament meines Lebens, und heute wird auch meine professionelle Arbeit von dieser Geisteshaltung geprägt, in der es darum geht, Erfahrungen so anzunehmen, wie sie sind, mit liebevoller Gelassenheit, und sich für die Weisheit zu öffnen, die jenseits von richtig oder falsch, gut oder böse liegt.

Achtsamkeit ist Weg und Ziel zugleich. Sie umfasst Methoden, wie beispielsweise die gezielte Beobachtung von Gefühlen, Gedanken und Körperempfindungen, oder die Atembetrachtung und achtsame Körperbewegungen. Außerdem gehören innere Einstellungen wie Akzeptanz und Offenheit und konkrete Verhaltensweisen, nämlich Innehalten, Entspannen und Konzentrieren, zum Konzept der Achtsamkeit.

Wir können Achtsamkeit systematisch trainieren, bis sie uns in Fleisch und Blut übergeht. Wenn wir häufig achtsam sind, wird das zu einem unserer Wesenszüge und beeinflusst jeden Lebensbereich – unsere Gesundheit, unsere Arbeit, unser inneres Wachstum.

In diesem Buch wird es darum gehen, wie Sie in Ihrer Beziehung achtsam sein und Krisen liebend begegnen können, um bei jeder Wetterlage, bei Regen, Schnee oder Sonnenschein, auf Ihre innere Stimme zu achten und sich mutig, gelassen und liebevoll in Ihrer Partnerschaft zu bewegen.

Manchmal kann sich ein Tiefdruckgebiet in einer Beziehung ausbreiten wie ein Virus. Dann gerät das Gute außer Sicht. Wir sehen nur noch die Dinge, die nicht rundlaufen – dass der oder die andere Sachen rumliegen lässt, den Schwimmunterricht des Kindes vergisst, am Wochenende müde auf der Couch liegt, statt mit auf eine Wanderung zu gehen.

Diese unschönen Erfahrungen überlagern dann alles andere – wie bei einer heftigen Erkältung, bei der wir auch nur noch das Schniefen und Husten registrieren. Es entgeht unserer Aufmerksamkeit, dass trotz des Infekts vieles im Körper super läuft: Muskeln und Knochen machen ihren Job und halten uns in Bewegung, die Verdauung läuft von selbst, ja sogar das Fieber ist ein Indiz für ein funktionierendes Wunder. Aber wir können es nicht würdigen, weil wir nur mit Ächzen und Krächzen beschäftigt sind.

Machen Sie Ihre Liebe wetterfest

Damit es Ihnen in Ihrer Beziehung besser geht und Sie sich am Wunder der Liebe erfreuen können, auch wenn es mal nicht so läuft, können Sie das Buch wie eine Hausapotheke gegen Beziehungskummer nutzen. Sie werden Tipps und Anregungen finden, wie Sie sich fit machen für die Liebe, sich allgemein stärken und Krisen vorbeugen. Und Sie können auf Notfallpläne zugreifen, wenn der Virus »Beziehungsstress« Sie tatsächlich mal erwischt. Aber auch die beste Medizin kann nur dann ihre volle Wirkung entfalten, wenn ihrer Anwendung eine sorgfältige Diagnose vorausgeht. Gegen Husten hilft kein Abführmittel. Bei Beziehungsstress gilt das Gleiche: Diskutieren, Fordern und Ertragen führen nicht zu mehr Wohlergehen und Glück. Wir müssen daher etwas tiefer forschen: Worum geht es wirklich, was brauche ich, um mich wohlzufühlen, was braucht mein Lebensgefährte, was kann ich tun, um die Situation zu verbessern?

Ich habe dieses Buch für Frauen und Männer geschrieben, die in einer Paarbeziehung leben

- und sich wünschen, friedvoller und gelassener zu sein, wenn Unstimmigkeiten auftreten,
- die eine gute Balance zwischen Freiheit und Verbundenheit suchen,
- denen es wichtig ist, sich nach Zank und Querelen wieder mit offenem Herzen zuwenden zu können.

....

Ich verwende in diesem Buch verschiedene Schreibweisen für das jeweilige Gegenüber in der Partnerschaft. Grundsätzlich mögen sich alle Menschen angesprochen fühlen, die zu zweit in einer Lebensgemeinschaft leben – ungeachtet ihrer sexuellen Orientierung und Identität. Doch gerade wenn ich aus meinem persönlichen Erfahrungsschatz schöpfe, liegt mir die männliche Form näher, da ich mit einem Mann verheiratet bin. Soweit es den Lesefluss nicht stört, werde ich alternative Formulierungen wählen wie zum Beispiel Partner*innen.

....

Da Sie sich mit diesem Buch befassen, wird Ihnen Ihre Beziehung am Herzen liegen. Das ist schön, und falls Sie frischen Wind in Ihr Leben zu zweit bringen und hier Neues dafür lernen möchten, ist es auch notwendig. Denn mit Begeisterung und Leidenschaft lernt es sich am besten. Neben

Leidenschaft brauchen wir zum Lernen außerdem Erfahrungen. Jeder kennt das Beispiel von der Herdplatte – warnende Worte helfen oft nicht, aber wenn sich ein Kind einmal die Finger verbrannt hat, dann hält es instinktiv Abstand zu einer heißen Herdplatte. Erfahrungen prägen sich tiefer ein als Worte. Nun besteht ein Buch naturgemäß aus Sprache. Machen Sie es sich zunutze, indem Sie mit den praktischen Übungen neue Erfahrungen sammeln. Durch neue Erlebnisse können wir uns leichter aus schlechten Gewohnheiten lösen und neue Wege beschreiten. Durch Lesen über Achtsamkeit werden wir nichts verändern. Aber wenn wir entsprechende Übungen machen, unser Denken und Handeln neu ausrichten, dann ist es tatsächlich möglich, gelassener und liebevoller zu werden – uns selbst und den Menschen gegenüber, mit denen wir zusammenleben.

Wenn unsere Achtsamkeit diejenigen
einschließt, die wir lieben,
blühen sie wie Blumen auf.
Thich Nhat Hanh

Gute Bedingungen
für die Liebe

Wenn wir von Liebesbeziehungen sprechen, ist eigentlich die Rede von einer Medaille mit zwei Seiten. Den Wenigsten ist bewusst, dass die Seite *Beziehung* stark von Überlebensinstinkten geprägt wird: Die Männer und Frauen unserer Urahnen in der Savanne haben sich als Paare zusammengetan, um sicherer zu sein. Der Mann sorgte für Schutz und Nahrung. Im Gegenzug war die Frau treu. Der Mann konnte sich also sicher sein, dass ihre Kinder von ihm waren und seine Gene somit weitergegeben wurden. Eine evolutionäre Win-win-Situation, die das Verhalten, das *Tun* der Menschen geprägt hat.

Obwohl sich die existenziellen und sozialen Bedingungen seither total gewandelt haben, erwarten wir immer noch instinktiv, dass eine Partnerschaft zu einer gesicherten Zukunft führt. Beziehungsprobleme tauchen vor allen Dingen dann auf, wenn die Partner*innen unterschiedliche Vorstellungen von Sicherheit und Zukunft haben.

Liebe dagegen ist eine Erfahrung, die unser ganzes *Sein* erfasst. Ein subjektives Erleben tiefer Verbundenheit, Erfüllung, Freude, Hingabe und Dankbarkeit zugleich. Wer schon einmal in einer atemberaubenden Landschaft, beim Klang eines Konzerts oder im stillen Gebet Liebe empfunden hat, weiß, dass sie nicht von außen zu uns kommt – auch nicht von unseren Partner*innen. Vielmehr ist Liebe eine tiefe Empfindung, die unter bestimmten Bedingungen aus unserem Inneren aufsteigt, uns von innen berührt, füllt und überfließt.

Finden Sie heraus, wie Sie *gute Bedingungen für die Liebe schaffen* können. Erkunden Sie, was Sie brauchen und bewirken können, sodass aus Ihrer Paarbeziehung ein weiter Himmel wird mit Wolken, Sonne, Mond und Sternen.

Die Weisheit des Herzens

Sicherlich sind Ihnen schon viele Weisheiten über Liebe und Beziehungen in Sinnsprüchen begegnet. Und tatsächlich wüssten wir auch alles über die Kunst zu lieben, wenn wir die Sprache der Mystiker von Jesus bis Buddha, von Rumi bis Goethe im Kern verstehen und leben könnten. Doch wir tun uns schwer, »den anderen zu lieben wie uns selbst« – erst recht, wenn wir im Clinch liegen.

Und können kaum glauben, »dass die Welt im Außen ein Spiegel unserer inneren Welt ist«. Bin ich etwa verantwortlich für die stinkenden Socken meines Mannes? In schwierigen Situationen wünschen wir uns handfeste Lösungen statt weise Sprüche. Wenn mal wieder ein Traum zerplatzt ist, die Dinge absolut nicht so laufen, wie wir es uns wünschen – gerade dann können uns gut gemeinte Ratschläge wie: »Einsicht ist der erste Schritt zur Besserung« regelrecht wütend machen.

Ich möchte Sie dennoch ermutigen, diesen Redensarten auf den Grund zu gehen. Entdecken Sie dabei Ihre ganz persönlichen Einsichten, Ihre eigene Weisheit.

Weisheit ist ein tief empfundenes Verständnis von sich selbst und der Welt. Sie kommt nicht aus dem Verstand, der angefüllt ist mit Konventionen, Regeln und Vorlieben des Mainstreams. Weisheit wurzelt in unseren eigenen Erfahrungen. Sie drückt sich als Klarheit, Stimmigkeit und tief empfundene Sicherheit aus. Tiefes, fühlendes Verstehen hat auch mir in 25 erfüllten Beziehungsjahren immer wieder über Enttäuschungen, Angst, Wut und Unsicherheit hinweggeholfen. Fühlendes Verstehen für mich selbst, für meinen Mann und vor allen Dingen fühlendes Verstehen für die

Verletzlichkeit, mit der jeder von uns zu kämpfen hat. Einsicht auch in die cleveren, bisweilen aber auch widersprüchlichen Verhaltensweisen, die unser Organismus automatisch abspult, um sich vor Schmerz zu schützen. Dass er uns durch seine Automatismen mitunter immer tiefer in Konflikte hineintreibt, bekommen wir im Normalfall nicht mit. Wenn wir auch die Beziehungssprache des Körpers besser verstehen, können wir vielen Situationen gelassener und liebevoller begegnen.

Tatsächlich ist Liebe
ein anderer Name für Verstehen.
Thich Nhat Hanh

Vieles von dem, was uns Beziehungsstress bereitet, hat mit unseren Instinkten und mit unserem Körper zu tun. Urinstinkte, die uns vor Gefahren warnen und die Regie über unser Verhalten übernehmen, um uns in Sicherheit zu bringen. Instinkte, die darauf ausgerichtet sind, unsere Bedürfnisse nach Schutz, Wärme, Zufriedenheit und Nähe zu erfüllen. Instinkte gehören zu unserer Tiernatur, sie folgen primitiven Mustern und laufen reflexhaft, völlig unbewusst ab. Damit schießen sie häufig am

Ziel einer glücklichen Liebesbeziehung vorbei, machen uns gereizt, ängstlich und unnahbar. Wenn wir dagegen unser volles menschliches Potenzial entwickeln, sind wir kreativer, mitfühlender, geduldiger, liebevoller, mutiger, freier und weiser.

2

Ärger, Sehnsucht, Herzschmerz & Co.

Da Sie zu diesem Ratgeber gegriffen haben, nehme ich an, dass an Ihrem Beziehungshimmel nicht nur Geigen hängen, sondern auch die ein oder andere Wolke. Wenn Sie den Dingen auf den Grund gehen und zu Einsicht gelangen wollen, schauen Sie sich diese Wetterwolken doch mal genauer an:

ÜBUNG

Nehmen Sie sich einen Moment Zeit, und überlegen Sie, weshalb Sie dieses Buch lesen. Wonach suchen Sie, was vermissen Sie, was stört Sie in Ihrem Beziehungsleben? Führen Sie sich dazu eine typische Situation in Ihrer Partnerschaft vor Augen, in der Sie das Gefühl haben, irgendetwas läuft falsch – von Liebe keine Spur: Gehen Sie systematisch vor, indem Sie zunächst die Situation faktisch beschreiben. Beispielsweise: »Jörg hat gesagt, er kommt heute nicht so spät nach Hause. Um kurz nach Mitternacht ist er nicht da.« Dann notieren Sie, was Sie in der Situation (also kurz nach Mitternacht) fühlen: »Ich bin wütend.« Notieren Sie außerdem, was Sie denken: »Er lässt mich allein, ich bin ihm nicht wichtig.« Und dann notieren Sie, wie sich Ihr Körper anfühlt: »Ich habe rasendes Herzklopfen, verspüre Übelkeit im Magen, ich bin extrem unruhig und kann nicht still sitzen.« Wenn Sie wollen, finden Sie ruhig drei bis vier Situationen, die für Sie typische »Baustellen« sind.

Doch Achtung, dies ist eine Übung. Sie haben mehr von ihr, wenn Sie nicht die größte Krise, sondern eher Alltäglichkeiten untersuchen.

SITUATION:

Gedanken   Gefühle    Körperempfindungen

Achtsamkeit ist die Fähigkeit, Abstand zu Gedanken, Gefühlen und Körperreaktionen zu gewinnen und sie getrennt voneinander, mit Offenheit und Interesse wahrzunehmen, ohne sich in ihnen zu verlieren.

Probieren Sie es aus.

Die Situation war:

_____
_____
_____
_____

Ich hatte folgende Gedanken:

_____
_____
_____
_____

Gefühlt habe ich:

_____
_____
_____
_____

In meinem Körper spürte ich:

_____
_____
_____
_____

Wenn Sie nun Ihre Liste durchgehen, werden Sie feststellen, dass Ihre Gefühle im Großen und Ganzen etwas mit Angst, Wut oder Hilflosigkeit zu tun haben. Varianten und Mischungen dieser drei Emotionen sind: Panik, Ärger, Trotz, Genervtheit, Beleidigtsein, Teilnahmslosigkeit. In Ihrem Körper sind verschiedene Stressreaktionen spürbar wie z. B.: Herzklopfen, Verspannungen in Schultern, Nacken und Armen, Unruhe, Empfindungslosigkeit, Übelkeit, Steifheit, Schlappheit, Hitze oder Kälte.

Mental beherrscht mindestens eines von folgenden drei Mustern Ihr Erleben:

- Sie sind ärgerlich, zornig, abweisend, empört und sagen innerlich: Das, was da ist, will ich nicht! Sie reagieren mit *Ablehnung.*
- Sie sind sehnsüchtig, fordernd, quengelig, neidisch, unzufrieden und sagen innerlich: Ich will etwas, das nicht da ist! Sie reagieren mit *Begierde.*
- Sie fühlen sich abgeschnitten, einsam, unverstanden, nicht gesehen, bedrängt, vereinnahmt, übergangen und sagen innerlich: Die Verbindung stimmt nicht. Sie reagieren mit *Herzschmerz.*

Nun kenne ich Sie, liebe Leser*innen, überhaupt nicht, und doch bin ich sicher, dass Sie sich in einigen Punkten wiederfinden. Wie kann das sein? Wenn man die Listen aller Leser*innen nebeneinanderlegen würde, wäre nicht eine Situationsbeschreibung mit den dazugehörigen Reaktionen identisch mit einer anderen. Ablehnung, Begierde und Herzschmerz tauchen dennoch bei allen auf, weil sie aufs Engste mit den *drei menschlichen Grundbedürfnissen* nach *Sicherheit, Zufriedenheit* und *Verbindung* gekoppelt sind.

Lassen Sie sich nicht verunsichern

Jedes Tier – also auch der Mensch – strebt nach Sicherheit. Warnsignale, Reize, die anzeigen, dass unsere *Sicherheit* in Gefahr ist, bezeichnen wir generell als *unangenehm*. Von der Amöbe bis zu unseren frühzeitlichen Vorfahren zeigte *unangenehm* eine *potenzielle Lebensbedrohung* an und ließ nur eine Reaktion zu: *Das ist nichts Gutes, weg hier.* Denken Sie an die heiße Herdplatte. Noch bevor wir einen Gedanken fassen können, zucken wir im Moment des Schmerzes zurück. Gleiches gilt für extreme Kälte und verdorbene, stinkende Lebensmittel oder wütend knurrende Tiere. Ohne nachzudenken, vermeiden wir instinktiv unangenehme Situationen oder gehen auf Abwehr. Denn diese Verhaltensmuster haben sich evolutionär durchgesetzt und sind tief in unserer Biologie verankert.

In unserem modernen Leben wirkt solche Art der Gefahrenabwehr jedoch häufig überzogen. Schließlich ist in den seltensten Fällen unsere physische Existenz durch Kälte, Gift oder Fressfeinde bedroht. Eher ist es unsere Psyche, die sich angegriffen fühlt, wenn unser Partner nach einem stressigen Tag in der Firma abweisend und kalt wirkt. Wenn er in einer hektischen Situation laut wird, nehmen wir es vielleicht persönlich und setzen uns entsprechend zur Wehr. Manchmal geraten wir auch in Situationen, die nicht gut für uns sind, weil wir uns zu sehr an die Vorlieben des anderen anpassen: schauen gegen unser Bedürfnis mit ihm fern, verzichten auf unser Lieblingsessen, weil er es nicht mag, gehen mit zu einer Party, auf die wir keine Lust haben. Situationen, die sich auf diese Weise gegen unser inneres Empfinden stellen, wirken wie Gift auf unser seelisches Gleichgewicht.

Wenn wir in solchen Momenten blind unserer Biologie folgen, führt es schnell dazu, dass wir aus dem Kontakt gehen oder unserem Liebsten gegenüber aggressiv werden. Das geht in den meisten Fällen vollkommen an unserem eigentlichen Ziel vorbei: Schroffe Beschwerden darüber, dass der andere abweisend ist, wirken wenig einladend und stehen einem harmonischen Miteinander im Wege. Es macht uns nicht glücklicher, wenn wir in hektischen Situationen zurückkeifen oder ärgerlich darauf bestehen, nicht zu dieser Party zu gehen. Auch eine Flucht ins innere Schneckenhaus oder hinter einen Bildschirm verbessert die Situation keineswegs. All diese Reaktionen kosten wertvolle Lebenszeit und -energie. Aber sie führen nicht zu einem liebevollen Klima.

Grundsätzlich gilt es, in brenzligen Situationen Ruhe zu bewahren, klar zu erkennen, was los ist, und dann beherzt zu handeln. Dies gilt für die Erste Hilfe nach einem Autounfall ebenso wie bei einem Wetterumsturz im Gebirge, auf hoher See oder in der Beziehung. Wenn wir kopflos agieren, machen wir die Dinge nur noch schlimmer.

Achtsamkeit ist die Kunst, schwierige Situationen nicht schlimmer zu machen.

Notfallplan bei Verunsicherung

Wenn Sie beim nächsten Mal bemerken, dass Sie sich angegriffen fühlen, wenden Sie für einen kurzen Moment Ihre volle Kraft dafür auf, spontane Reaktionen nicht auszuagieren. Erinnern Sie sich, dass keine Lebensgefahr besteht, und sorgen Sie lieber für Entspannung, Halt und Beruhigung.

- Nehmen Sie die Schärfe aus Ihrem Tonfall.
- Verzichten Sie auf Vorwürfe und Forderungen.
- Nehmen Sie sich Zeit für sich selbst, um sich zu beruhigen, bevor Sie die Sache inhaltlich weiterverfolgen.
- Sie können Ihrem Partner sagen, dass Sie erst mit Ihren Gefühlen klarkommen wollen, bevor Sie sich mit ihm über die Angelegenheit einigen können.

Denn hier gilt das Gleiche wie im Flugzeug: In Notsituationen hat die eigene Sicherheit Vorrang vor allem anderen. Erst wenn wir wieder zu einem klaren Kopf und Ruhe gefunden haben, können wir zielführend handeln. Wir können unserem Mann oder unserer Frau ruhig und bestimmt mitteilen, was wir wollen oder nicht wollen, ohne zu mehr Verletzung, Unsicherheit und Leid beizutragen.

Hausapotheke gegen Unsicherheit

In den meisten Fällen ist der Körper ein guter Helfer, um zu Ruhe und Sicherheit zurückzufinden. Folgende Übungen können Sie in akuten Situationen ausprobieren:

● **Stress ausatmen:** Richten Sie Ihre Aufmerksamkeit auf den Atem. Nehmen Sie fünf Atemzüge, bei denen die Betonung auf der Ausatmung liegt. Atmen Sie bei diesen Atemzügen durch die Nase ein und mit einem leisen Ton aus dem Mund aus, bis Sie ganz leer sind. Achten Sie darauf, dass Sie beim Ausatmen nicht pressen, sondern die Luft sanft entweichen lassen – wie bei einem lang gezogenen Seufzer. Auf diese Weise kann überschüssiger Sauerstoff, der zu Aufregung, Herzklopfen und Unruhe führt, entweichen.

● **Fester Boden:** Suchen Sie festen Kontakt, indem Sie z. B. beide Füße mit der ganzen Sohle auf den Boden stellen. Oder lehnen Sie sich an – an die Rückenlehne Ihres Stuhls, an eine Wand oder legen Sie sich mit dem Rücken flach auf den Boden. Geben Sie Ihrem Körper damit die Möglichkeit, Halt und Stabilität zu spüren.

- **Bewusst umschauen:** Wenn Sie sehr aufgeregt sind, schauen Sie sich genau um. Stellen Sie fest, wo Sie sind, lassen Sie Ihre Augen durch den Raum wandern, damit Sie tatsächlich sehen, dass keine Gefahr für Leib und Leben besteht. Lassen Sie Ihre Augen auf Dingen ruhen, die Ihnen vertraut sind und die Sie mögen.

- **Tönen:** Probieren Sie aus, ob es Sie beruhigt, wenn Sie einen lang gezogenen Ton von sich geben wie ein Nebelhorn. Tönen Sie die Silbe »wuh« tief aus Ihrem Bauch heraus, solange der Atem unangestrengt aus Ihnen herausfließt. Holen Sie Luft und tönen Sie erneut. Nach ca. einer Minute spüren Sie der Wirkung nach. Bei den meisten Menschen reagiert das autonome Nervensystem auf die tiefen Frequenzen und die damit einhergehende Vibration im unteren Bauch mit Entspannung.

Nehmen Sie sich einen Augenblick Zeit. Überlegen Sie, wie es für Sie wäre, wenn Sie mehr Toleranz für unangenehme Erfahrungen hätten. Wenn Sie bei Enttäuschung, Angst und Ärger gelassen bleiben könnten. Wie würde es sich auf Ihre Partnerschaft auswirken, wenn Sie nicht gleich bei jeder Unan(ge)nehmlichkeit auf die Barrikaden steigen oder ins innere Schneckenhaus kriechen würden? Gäbe es nicht mehr Energie, Zeit und Raum für schöne Dinge? Sie können auch gerne darüber nachdenken, was es für Ihre Familie, die Gemeinde, die Welt bedeuten würde, wenn wir alle etwas gelassener bleiben könnten, falls die Dinge nicht so laufen, wie wir es gerne hätten.

Achtsamkeit ist ein Zustand entspannter Aufmerksamkeit, in dem wir inmitten des alltäglichen Wahnsinns gelassen und heiter sein und uns weise verhalten können.

Konflikte gelassen nehmen

Meine Klient*innen berichten, dass sie mit zunehmender Gelassenheit gegenüber Unangenehmem viel besser in der Lage sind, Konflikte mit ihren Partner*innen auszutragen. Klar, denn wenn wir Unangenehmes gelassen nehmen, fühlen wir uns auch (selbst)sicherer. Meine Klient*innen freuen sich darüber, dass sie ihre Fassung nicht so leicht verlieren und ihrem Standpunkt mehr Gewicht verleihen können. Mit dem Ergebnis, dass die Partner*innen sich nicht persönlich angegriffen fühlen und leichter etwas von ihren Sichtweisen annehmen. Unterschiedliche Vorlieben, Verhaltensweisen und Meinungen empfinden sie nicht mehr als Belastung, sondern oft als Bereicherung für ihre Partnerschaft.

Es ist nämlich ein weitverbreiteter Irrtum, dass man, um sich einig zu sein, einer Meinung sein muss. Das führt zu Endlosdiskussionen ohne befriedigendes Ergebnis.

Die Wahrheit ist, dass die Menschen vieles unterschiedlich sehen. Der Volksmund weiß es: Über Geschmack lässt sich streiten, über Humor auch, und aus eigener Erfahrung kann ich ergänzen, über Ordnung kann man kaum anders, als zu streiten.

Wenn wir aber nicht dem Autopilot-Programm der »Abwehr« folgen, müssen wir den anderen für seine Unordnung, Unpünktlichkeit, Pingeligkeit, Vorsicht oder was immer uns missfällt, weder angreifen noch uns vor seinem Verhalten in Sicherheit bringen. Statt dem anderen die Zustimmung zum eigenen Weltbild abzuringen, können wir unsere Energie klüger einsetzen. Die Engländer haben den prima Satz: »We agree to disagree«. Wenn Sie sich darin einig sind, dass Sie verschiedene Ansichten haben, können Sie den Fokus wieder auf das Gemeinsame legen. Wenn Sie gerne zusammenleben, aber verschiedene Vorstellungen von Ordnung haben, sollten Sie gemeinsam nach tragfähigen

Lösungen suchen. Das ist besser, als den anderen zu bekämpfen oder grollend klein beizugeben. Auch wenn eine Lösung nicht gleich in Sicht ist, werden Sie mit zunehmender Achtsamkeit das Problem weniger persönlich nehmen und gelassener damit umgehen.

Stärken Sie Ihr Immunsystem gegen Ärger, Angst und Unsicherheit

Machen Sie sich fit im Umgang mit unangenehmen Erfahrungen. Stärken Sie Ihr emotionales Immunsystem gegen Ärger, Angst und Unsicherheit. Kultivieren Sie Entschlossenheit, Mut und Entspannung, und stärken Sie Ihr allgemeines *Sicherheitsempfinden* mit weiteren Mitteln aus der Achtsamkeits-Hausapotheke:

● Pendeln: Stellen Sie sich ab und zu aufrecht hin, schließen Sie Ihre Augen und lenken Sie Ihre Aufmerksamkeit in die Füße. Spüren Sie den festen Boden. Pendeln Sie mit dem Oberkörper vor und zurück – erst mit großem Ausschlag, dann kommen Sie mit immer kleiner werdenden Bewegungen in Ihrer gefühlten Mitte zur Ruhe. Nehmen Sie hier ein paar Atemzüge und dann lassen Sie sich in gleicher Weise von rechts nach links pendeln. Erst mit großen, dann mit immer kleiner werdenden Bewegungen, bis Sie auch in dieser

Richtung in Ihrer gefühlten Mitte ankommen. Spüren Sie noch einmal den festen Boden unter Ihren Füßen, atmen Sie noch ein paarmal durch, öffnen Sie dann allmählich wieder Ihre Augen und beenden Sie damit die Übung.

- **Rückenlage:** Legen Sie sich auf den Rücken – auf den Boden oder ins Bett. Erlauben Sie Ihrem Körpergewicht, schwer in die Unterlage zu sinken. Nehmen Sie nun – im ganzen Körper – wahr, wie die Atemluft ein- und ausströmt. Lassen Sie Ihren Atem natürlich fließen, verändern Sie ihn nicht. Nehmen Sie mit jedem Einatmen Ihren Körper wahr und lassen Sie mit jedem Ausatmen unnötige Anspannung los. Entspannung ist das wichtigste Gegenmittel gegen Unsicherheit, Angst und Aggression.

- **Mutig sein:** Suchen Sie Gelegenheiten im Alltag, in denen Sie mutig sein können. Machen Sie es wohldosiert, sodass Sie die Erfahrung bewusst wahrnehmen und integrieren können, ohne unter Druck zu geraten. Beispielsweise können Sie üben, bewusst Grenzen zu setzen und »Nein« zu sagen: wenn sich in der Warteschlange beim Bäcker jemand vordrängelt, wenn Freund*innen Sie treffen wollen, Sie aber keine Lust dazu haben oder wenn Ihr Kollege Sie zum wiederholten Mal bittet, seinen Wochenenddienst zu übernehmen. Probieren Sie auch aus, wie es ist, dem Partner ein aufrichtiges und unaufgeregtes »Nein« zuzumuten. Beobachten Sie Ihre inneren

Reaktionen, wenn Sie Grenzen setzen. Schaffen Sie Raum für Ihre Gefühle und Empfindungen und wenden Sie sich ihnen einfach wohlwollend zu – so lange, bis Ihr Organismus zurück zu Ruhe und Sicherheit findet.

- Noch mehr Mut kostet es manchmal, aus tiefstem Herzen »Ja« zu sagen. Aus Angst, nicht zu unserem Recht zu kommen oder unsere Unabhängigkeit zu verlieren, oder einfach nur, weil die Alltagsroutine uns eng macht, halten wir unser Ja oft klein, versehen es mit Einschränkungen und Bedingungen. Probieren Sie einmal einen Tag oder besser noch eine Woche lang aus, konsequent zu Ihrem Mann oder Ihrer Frau Ja zu sagen. Stimmen Sie ohne Zögern, ohne Gegenrede zu, wenn er oder sie Vorschläge macht, ins Kino zu gehen, Fischstäbchen zu essen oder am Wochenende zu den Schwiegereltern zu fahren. Stimmen Sie auch innerlich vollständig zu, zu dem, wie er ist und was er tut. Enthalten Sie sich jeder Kritik, Anregung oder Bitte um Änderungen. Sagen Sie aus vollem Herzen »Ja« – so ist es, so bist du, ich sehe dich und nehme dich genauso an. Es ist ein radikales Experiment. Doch für eine begrenzte Zeit, nicht für den Rest Ihres Lebens, verschafft es Ihnen eine neue Erfahrung, die ihrer Beziehung guttun wird.

- Wut spüren: Um das individuelle Empfinden für Sicherheit zu fördern, kann es sehr hilfreich sein, mit Wut und Ärger in Kontakt zu gehen. Für viele Menschen ist es eine enorme Bereicherung, wenn Sie, statt Wut zu vermeiden oder sie cholerisch auszuagieren, die Kraft spüren, die in diesem Gefühl gebündelt ist. Die Arbeit mit Wut ist etwas komplexer und verlangt ein wenig Übung und mitunter auch Unterstützung durch geschulte Begleiter*innen. Die Dynamische Meditation von Osho halte ich für einen sehr förderlichen Prozess in dieser Hinsicht, am besten jedoch unter versierter Anleitung. Ansonsten sind auch achtsamkeits- und körperorientierte psychotherapeutische Prozesse wie zum Beispiel Somatic Experiencing ein geeigneter Weg, um unkontrollierte oder unterdrückte Wut in eine persönliche Kraftquelle zu verwandeln.

- **Routine aufbauen:** Wenn Sie eine regelmäßige Routine in Ihren Alltag einbauen, indem Sie eine bestimmte Achtsamkeitsübung zu einer festgelegten Zeit praktizieren, fördern Sie damit Entschlossenheit und Stärke. Das gibt Ihnen mentale Sicherheit.

Zufrieden sein macht glücklich

Das zweite Bedürfnis, bei dem wir noch sehr von evolutionären Mustern geprägt sind, ist *Zufriedenheit.* Gutes will sich jedes Menschentier einverleiben. Den Reiz, der unserem Organismus signalisiert: »Da musst du hin, das solltest du haben«, nennen wir ganz allgemein *»angenehm«.* Wir greifen danach wie andere Tiere nach Licht, Wasser oder Beute. Der moderne Mensch leidet unter dieser Prägung, weil sie sich nicht allein auf den physischen Hunger beschränkt. Wir können auf unendlich viele Dinge mit Begierde und Verlangen reagieren, wenn sie nur irgendwie angenehm erscheinen. Dafür müssen wir das Objekt der Begierde nicht einmal kennen, vielleicht hat man uns nur etwas Schönes darüber erzählt – so wie die Werbung alle möglichen Konsumgüter anpreist oder Hollywoodfilme von der romantischen Liebe schwärmen. Der Gedanke »Julia Roberts hat in *Eat, Pray, Love* auf Bali die Liebe ihres Lebens gefunden« kann bei dem einen oder der anderen Reise-Begehrlichkeiten wecken. Auf sämtliche angenehme Reize mit Begierde zu reagieren artet in Stress aus, führt jedoch niemals zu anhaltender Befriedigung.

> **Auch das geht vorbei!**
> *Zen-Koan*

Denn jede angenehme Erfahrung kommt zu einem natürlichen Ende: weil die Zeit abläuft, die Rose verwelkt, das Himbeereis schmilzt. Oder sie kommt zu einem Ende, weil zu viel des Guten sich ins

Gegenteil verkehrt. Wenn wir uns das Angenehme maßlos »reinziehen«, ist das wie bei Schokoladenkuchen – die süße Wonne schlägt um, und uns wird schlecht. Alles Angenehme trägt daher auch den Stachel der Unzufriedenheit in sich. Wenn wir in unserer Beziehung nur auf die schönen Momente fixiert sind, bringt uns das in Teufels Küche. Wir können sie nicht genießen, weil wir in der Angst leben, sie könnten sich ändern, vorübergehen, wir könnten das Gute und Angenehme verlieren.

Erschwerend kommt hinzu, dass wir durch die Evolution darauf getrimmt wurden, Befriedigung außerhalb von uns zu suchen und nach ihr zu jagen wie das Tier nach seiner Beute. Aber uns durch Nahrung, Kleidung, Vergnügungen, Erfolg im Beruf oder das Verhalten unseres Partners beglücken zu lassen, birgt die Gefahr der Enttäuschung. Die Dinge können anders laufen, als wir es uns wünschen. Um dem vorzubeugen, stellen wir in der Beziehung unbewusst Bedingungen: Ich liebe dich, solange du die Dinge sagst und tust, die mich glücklich machen. Unsere eigene Liebe wird auf diese Weise vergiftet, und wir verlieren das Vertrauen in sie. Können Sie erkennen, wie ungezügeltes Verlangen die Liebe sabotiert? Wir können Verlangen nicht grundsätzlich aus der Welt räumen, das wäre auch schade, weil es ein Motor ist für Fortschritt, Kunst, Entwicklung. Aber wir sollten lernen, mit diesem Trieb besser umzugehen.

Seelischen Hungerkummer stillen

Unsere tierischen Verwandten haben kein Problem mit Verlangen und Befriedigung. Sie hören auf zu fressen, wenn sie satt sind. Sie fressen ausschließlich für sie gut verdauliche Nahrung. Ihr Organismus hat natürliche Schranken gegen übermäßiges Verlangen, und sie haben keine Gelüste, die außerhalb ihrer Reichweite liegen. Ein Kaninchen sehnt sich nicht nach Himbeereis. Tiere sind zwar nicht vor Hunger, aber vor Kummer gefeit. Wir Menschen tappen aber immer wieder in die Unzufriedenheitsfalle. Dann nörgeln wir an unserem Partner herum, wollen ihn festhalten, besitzen, verändern und so hinbiegen, dass es uns zufriedenstellt. Hatten Sie jemals Erfolg damit? Ist es nicht eher umgekehrt – wenn Sie glücklich und zufrieden sind, ist auch Ihr Partner gerne mit Ihnen zusammen, schenkt Ihnen Aufmerksamkeit, Dankbarkeit und nährt Ihre Beziehung mit Lust und Freude? Das ist die Wirkung universeller Gesetze, wie sie die Mystiker lehren: Gleiches zieht Gleiches an. Wie innen so auch außen.

Wir können uns von seelischem Hungerkummer befreien, wenn wir, ungeachtet dessen, wie es mit dem Mann oder der Frau gerade läuft, unsere inneren Tanks mit Zufriedenheit füllen und vielleicht sogar zum Überlaufen bringen, sodass diese Zufriedenheit unsere Partner*innen erreicht. Dankbarkeit, Freude und Genugtuung nähren die innere Zufriedenheit und können aus eigener Kraft kultiviert werden.

Hausapotheke gegen Unzufriedenheit

Ein wirksames Heilmittel gegen nagende Unzufriedenheit ist Dankbarkeit. Ich spreche hier nicht von Anstand und artigen Worten, wie sie uns früher eingetrichtert wurden, als wir uns bei Nachbarn oder Tanten für Geburtstagsgeschenke bedanken sollten. Ich spreche von einer im Herzen empfundenen Dankbarkeit. Wenn unser Herz von Dankbarkeit erfüllt ist, fließt sie ohne Mühe von uns zu anderen. Sie strömt durch einen sanften Blick, benetzt unsere Lippen mit freundlichen Worten, äußert sich in spontanen Gesten liebevoller Zuwendung. Dankbarkeit lässt sich nicht planen. Kultivieren lässt sie sich schon:

- **Dankbar sein:** Nehmen Sie sich immer mal wieder Zeit, still zu werden und nach Momenten Ausschau zu halten, für die Sie dankbar sind. Vielleicht können Sie Dankbarkeit dafür empfinden, dass Sie keinen Hunger leiden, dass Sie eine feste, sichere Behausung, vielleicht sogar nette Nachbarn haben. Möglicherweise können Sie dankbar sein dafür, dass Ihre Sinne gesund sind und Sie den Baum vor Ihrem Fenster sehen, vielleicht sogar riechen können. Wie wäre es, Dankbarkeit zu fühlen, wenn Sie am Morgen neben dem warmen Körper eines geliebten Menschen aufwachen? Wie wäre es, dankbar dafür zu sein, dass jemand da ist, mit dem oder der Sie sich gemeinsam über die Schullaufbahn Ihres Kindes beratschlagen können? Wie sähe Ihr Leben, Ihre Partnerschaft, wie sähe unsere Welt aus, wenn wir alle ein bisschen mehr wertschätzen könnten, was uns nährt, schützt und wärmt, anstatt auf die Dinge zu schauen, die unerfüllt scheinen?

- **Dank annehmen:** Beobachten Sie außerdem, wie gut Sie Dankbarkeit und andere gute Erfahrungen annehmen können. Haben Sie die Tendenz, Dankbarkeit abzuwehren, kommt Ihnen schnell ein Satz wie »das war doch keine große Sache« über die Lippen? Üben Sie sich darin, Dankbarkeit, Freundlichkeit und Achtung, die Ihnen von anderen entgegengebracht werden, ganz und gar anzunehmen. Fühlen Sie, welche Zellen und Räume in Ihnen berührt werden. Erlauben Sie sich, in diese guten Erfahrungen hinein zu entspannen und sich wie ein Schwamm mit ihnen vollzusaugen. Wenn wir mit offenem Herzen »nehmen« können, können wir ebenso freizügig »geben«. Eine Liebesbeziehung ist ein ununterbrochener Strom von Geben und Nehmen, ohne Anfang oder Ende.

● **Die Arme ausbreiten:** Eine hilfreiche Bewegungsmeditation, die das Geben und Nehmen von Dankbarkeit, Freude und Hingabe unterstützt, ist die Nadabrahma Meditation von Osho, bei der die Arme ausgebreitet werden und eine gebende Geste und eine einsammelnde Geste miteinander verbunden werden. Diese von Musik begleitete Meditation ist im Handel erhältlich, Sie können aber auch ohne Anleitung mit den gebenden und nehmenden Gesten weit geöffneter Arme experimentieren und erforschen, wie sie sich auf Ihre innere Verfassung auswirken.

● **Bügeln mit Hingabe:** Machen Sie eine unliebsame Pflichtaufgabe zu einer Hingabe-Übung. Ich z. B. hadere immer wieder damit, dass ich grundsätzlich diejenige bin, die bei uns bügelt. Hängt der Haussegen schief, fällt mir das Bügeln der Hemden meines Mannes besonders schwer. Manchmal mache ich dann eine Meditation daraus. Ich bügle mit Hingabe, langsam und ganz achtsam für jedes Detail. Den Weg vom Bügelbrett zum Kleiderschrank lege ich als Gehmeditation zurück. Ich hänge die Hemden mit größter Sorgfalt und Liebe in Jörgs Schrank, ganz so, als würde ich Gaben auf einen Altar legen.

Mit Achtung, Ehrerbietung und Demut. All das hat nichts mit Unterwerfung zu tun. Vielmehr füllt diese Alltagsmeditation mein Herz mit liebevoller Wärme. Nicht immer, aber meistens fühle ich mich dann nach dem Bügeln leicht, aufgeräumt und ausgesöhnt.

- **Feiern:** Finden Sie Wege, um Ihre Beziehung, Ihr Leben, sich selbst zu feiern. Nichts davon ist selbstverständlich und könnte jeden Moment vorbei sein. Zelebrieren Sie es jeden Tag. Schmücken Sie Ihr Zuhause. Sorgen Sie für heitere Stimmung durch Musik, Blumen, festliche Kleidung. Machen Sie ein Fest aus Ihrem Leben zu zweit, nicht nur an Hochzeitstagen, sondern im ganz normalen Alltag. Ziehen Sie sich bewusst und in Ihrem Sinne schön an – nicht, um Ihren Mann oder Ihre Frau zu beeindrucken, sondern aus Freude am (Liebes-)Leben. Es ist okay, wenn Sie sich am Anfang ein wenig überwinden und schauspielern müssen. Uns Deutschen liegt das ausgelassene Feiern nicht gerade im Blut. Aber mit ein bisschen Mut und Fantasie werden Sie entdecken, wie Sie mehr Freude in Ihr Leben bringen können. Joseph Beuys bietet in seinem tollen Gedicht »Lass dich fallen« viele Ideen dazu. Dort heißt es unter anderem:

Mache kleine Zeichen, die »Ja« sagen,
und verteile sie überall in der Wohnung.
Joseph Beuys

Liebe ist kein Pflegefall

Das dritte menschliche Grundbedürfnis ist *Verbindung:* Wir Menschen gehören zur Gruppe der Säugetiere und sind davon geprägt, in Abhängigkeit zu einem Fürsorger zu leben. Damit jeder Säugetiernachwuchs beschützt und versorgt wird, hat die Natur ein ausgeklügeltes System hervorgebracht: Hormone, Sinne, Organe, Motorik – alles ist darauf ausgerichtet, dass das Junge in der schützenden Nähe des versorgenden Elterntieres bleibt und dass gleichzeitig der Versorger instinktiv auf das Junge achtet.

Das Streben nach Verbindung gehört aufgrund dieses Brutpflegeinstinktes evolutionär zu unserer Natur. Den Reiz, der uns signalisiert, Nähe zu suchen, beschreiben wir als *anziehend.* Reflexhaft reagieren wir auf diese Anziehung mit *Anhänglichkeit.* Ebenso wie Verlangen und Abwehr ist Anhänglichkeit ein instinktives Verhalten und tief in unserer Biologie verankert. Das macht sich bei vielen Menschen zum Beispiel dadurch bemerkbar, dass sie beim Anblick von Babys oder Jungtieren in Verzückung geraten. Sie wollen mit den Kleinen kuscheln, geben wonnige Laute von sich und können sich nur *schweren Herzens* trennen. Unter erwachsenen Partner*innen kann diese Veranlagung zu einem Problem werden. Vielleicht kennen Sie das aus Ihrer Beziehung, dass sich gelegentlich einer von der Fürsorge des anderen erdrückt fühlt. Dass gut gemeinte Ratschläge als Gängelung empfunden und abgewehrt werden. Vielleicht quält es Sie manchmal auch, dass Sie kaum ohne den anderen sein wollen, weil sich durch diese Anhänglichkeit das Gefühl einschleicht, klein und abhängig zu sein. Vielleicht sind Sie auch sehr darauf bedacht, unabhängig zu sein, und es fällt Ihnen schwer, Unterstützung, Geschenke oder andere Großzügigkeiten anzunehmen. Unbewusstes Brutpflegeverhalten kann sich auch negativ in der Sexualität niederschlagen, da es nicht dazu geeignet ist, die erotische Flamme hochzuhalten.

Wenn wir dem Reflex der Anhänglichkeit blind folgen, machen wir unsere Beziehung zu einem Pflegefall statt zu einem Fest der Liebe. Zu lieben heißt, frei und unabhängig zu sein – ohne Einschränkung, ohne Schuld, Scham oder Groll Zuwendung empfangen und geben zu können. Das gelingt vor allen Dingen dann, wenn wir eine gute Verbindung zu uns selbst haben, unsere eigenen Bedürfnisse, Grenzen und Möglichkeiten kennen und unser volles Potenzial frei und ungezwungen in die Paarbeziehung einfließen lassen können. Je stärker wir mit uns selbst verbunden sind, desto unbefangener, offener und liebevoller können wir mit unseren Partner*innen sein – sowohl, wenn wir Zuwendung empfangen als auch schenken.

Hausapotheke gegen das Gefühl des Getrenntseins

Achtsamkeitsübungen fördern die Verbindung zu uns selbst und machen uns aufmerksam für unsere innere Welt. Eine Basisübung zur Entwicklung von allgemeiner Achtsamkeit ist die Beobachtung des eigenen Atems.

ÜBUNG

Basisübung Atembetrachtung

● Setzen Sie sich entspannt und aufrecht hin. Sie können sich mit gekreuzten Beinen auf den Boden oder ein Kissen setzen, Sie können aber ebenso gut auf einem Stuhl sitzen. Wichtig ist, dass Sie eine feine Balance zwischen Aufrichtung und Entspannung finden. Entspannen wir zu viel, erschlafft der Oberkörper, der Rücken wird rund und der Atemraum eingeengt. Wir bekommen weniger Sauerstoff und werden schläfrig. Bemühen wir uns jedoch um eine kerzengerade Haltung, kann das zu Anspannung und Schmerz führen. Finden Sie also Ihr eigenes Maß von Anspannung und Entspannung und kommen Sie zur Ruhe.

- Nehmen Sie ein paar tiefe Atemzüge, um sich mit dem gegenwärtigen Moment zu verbinden und ganz wach und präsent zu werden. Dann richten Sie Ihre volle Aufmerksamkeit auf einen Bereich im Körper, in dem Sie spüren, wie der Atem ein- und ausströmt. Das kann die Bauchdecke um den Nabel herum sein, das kann der Brustkorb sein, der sich ausdehnt und zusammenzieht. Oder es können die Nasenflügel sein, an denen Sie den kühlen bzw. warmen Luftstrom des Atems spüren.

- Wählen Sie einen konkreten Ort im Körper, an dem Sie Atemempfindungen beobachten können, und machen Sie diesen Ort zum Ankerplatz für Ihre Aufmerksamkeit. Konzentrieren Sie sich auf die Atemempfindungen.

- Es kann durchaus sein, dass Ihre Aufmerksamkeit abschweift und sich in Gedanken verliert oder sich anderen Körperempfindungen zuwendet – z. B., wenn etwas zwickt und zwackt. Wann immer Sie die Ablenkung bemerken, lösen Sie sich von den Gedanken oder Körperempfindungen und kehren Sie zurück zu Ihrem Ankerplatz. Beginnen Sie erneut, jeden Ein- und Ausatemzug wahrzunehmen.

Wenn Sie diese Basisübung regelmäßig – bestenfalls täglich für zehn Minuten – üben, entwickeln Sie eine bessere Verbindung zu sich selbst, zu Ihrem eigenen Atem und zu Ihrem Körper. Sie stärken gleichzeitig Ihre Fähigkeit, Gefühle und Körperempfindungen wahrzunehmen, was Ihnen auch bei allen anderen Übungen zugutekommen wird.

Weitere Mittel gegen das Gefühl des Getrenntseins

So wie Entspannung das Sicherheitsempfinden fördert und Dankbarkeit zufrieden macht, so fühlen wir uns durch Wertschätzung, Mitgefühl und Kontakt stärker verbunden – mit uns selbst und mit anderen. An guten Tagen machen wir intuitiv von Berührung Gebrauch, um Distanz zwischen uns und unserem Liebsten zu überbrücken. Zwei verschiedene Körper und Herzen, »du« und »ich«, werden in einer liebevollen Umarmung zum »wir«. Was zerbrochen ist – ein Versprechen, ein aufgeschlagenes Knie, sogar ein gebrochenes Herz –, kann in den Armen eines geliebten Menschen heilen. Wenn Sie mit Wohlfühlberührungen noch nicht sehr vertraut sind, tasten Sie sich im wahrsten Sinne des Wortes heran. Eine gute Berührung ist klar und uneigennützig und geschieht mit vollem, sicherem Kontakt.

- **Umarmen:** Setzen Sie sich aufrecht hin und geben Sie sich selbst eine Umarmung. Lassen Sie dabei eine Handfläche auf der Außenseite des gegenüberliegenden Oberarms zu liegen kommen. Die andere Handfläche ruht kurz unter der gegenüberliegenden Achselhöhle. Variieren Sie den Druck ganz nach Ihrem Empfinden. Eine gute Berührung signalisiert dem Gewebe und dem Nervensystem Unterstützung und Geborgenheit. Wir fühlen uns dann tatsächlich gehalten und weniger allein. Dieses Mittel können Sie auch gut in akuten Notsituationen anwenden, wenn Sie sich einmal einsam und verlassen vorkommen und ein tröstlicher Kontakt mit Ihrer Lebensgefährtin oder Ihrem Lebensgefährten gerade nicht möglich ist.

- **Guter Kontakt (Partnerübung):** Lassen Sie sich von Ihrem Partner oder Ihrer Partnerin auf gute und sichere Art halten. Machen Sie einander klar, dass es sich um eine Übung und nicht um normales Kuscheln handelt. Vereinbaren Sie, dass Sie ganz genau sagen dürfen, wie der Kontakt sein soll, und dass Sie ihn jederzeit zu Ihren Gunsten anpassen dürfen. Stellen Sie sicher, dass Ihr Mann oder Ihre Frau einverstanden ist und bereitwillig mitmacht. Sagen Sie ganz genau, wo die Hände Ihres Partners ruhen sollen und wie stark oder schwach der Druck sein soll. Achten Sie darauf, dass

Sie ein klares Ende für diese Übung setzen. Sie können auch einen Wecker zu Hilfe nehmen.

- **Präsenz:** Versuchen Sie einmal bei einer Begegnung mit Ihrem Partner oder Ihrer Partnerin, innerlich ganz präsent zu sein. Entspannen Sie sich, während Sie gleichzeitig nicht in Gedanken abschweifen, sondern Ihre ganze Aufmerksamkeit Ihrem Gegenüber schenken. Tipp: Schalten Sie Ihr Smartphone aus und lassen Sie es außer Sichtweite verschwinden. Studien haben ergeben, dass auch ein ausgeschaltetes Smartphone, das sichtbar auf dem Tisch liegt, die Verbindung zwischen den Gesprächspartnern beeinträchtigt.

- **Wertschätzung:** Beenden Sie Ihren Tag damit, dass Sie sich selbst für ein bis zwei Situationen Wertschätzung entgegenbringen, in denen Sie sich »gut« verhalten haben, was immer das für Sie heißt. Wenn es Ihnen leichtfällt, halten Sie auch nach etwas Ausschau, für das Sie Ihrem Mann oder Ihrer Frau Achtung entgegenbringen können.

Bitte zwingen Sie sich bei den Übungen zu nichts. Es geht nicht darum, etwas »zu schaffen« oder »richtig zu machen«. Viel wertvoller ist es, die eigene Innenwelt auf diesem Wege besser kennenzulernen. Statt unseren biologischen Reflexen von Abwehr, Begierde und Anhänglichkeit blind zu folgen, können wir dann Vertrauen, Zufriedenheit und Verbundenheit nähren.

Obwohl wir Begriffe für diese Ressourcen haben, bedeuten sie dennoch für jeden Menschen etwas anderes. Alles, was unser individuelles Dasein beeinflusst hat, die Evolution, die Geschichte, die Kultur, die Familie, die persönlichen Lebenserfahrungen – alles zusammen entscheidet darüber, was wir als angenehm und was als unangenehm erleben und welche Art von Kontakt für uns stimmig ist. Das macht die Verständigung darüber, was richtig oder falsch, förderlich oder belastend, was Glück oder Unglück ist, oft schwer.

Der Mystiker Rumi hat in seinen wunderbaren Versen immer wieder den Weg beschrieben, der aus dem Kummer zurück in die Liebe führt. Eine seiner berühmtesten Gedichtzeilen lautet in der deutschen Übersetzung so:

Jenseits von richtig und falsch
gibt es einen Ort – dort treffen wir uns.
Rumi

In die Sprache der menschlichen Grundbedürfnisse übersetzt könnte es heißen: Jenseits von Begierde und Ablehnung gibt es einen Ort – dort sind wir verbunden in Liebe.

Wenn wir unsere Grundbedürfnisse nach *Sicherheit, Zufriedenheit und Verbindung* auf vielfältige Weise stillen, wenn wir uns innerlich stärken, nähren und verbinden, machen wir uns von äußeren Bedingungen unabhängig. Dann können wir unser Beziehungsleben so nehmen, wie es ist, und unserem Liebsten mit einem Herzen begegnen, das weit und offen ist wie der Himmel.

Das ändert nichts daran, dass die Wolken des Herzschmerzes auch dazugehören. Aber Sie müssen sie weder aushalten noch ignorieren oder dramatisieren, um erfüllt zu lieben und zu leben.
Sie können Wege aus Angst, Unsicherheit, Enttäuschung, Sehnsucht und Ärger finden. Übrigens auch, ohne dass Ihr*e Partner*in dieses Buch liest, mit Ihnen zusammen eine Therapie macht oder an sonstigen Aktivitäten teilnimmt, wozu er oder sie keine Lust hat. Vielleicht ist es tröstlich für Sie, wenn ich Ihnen sage, dass mein Mann sich strikt weigert, mit mir Yoga zu machen, zu meditieren oder Tantrakurse zu besuchen. Und trotzdem leben

wir eine erfüllte Liebes*beziehung* mit allem Drum und Dran.

Vielleicht liegt es an seiner Philosophie: »Fußball ist mein Yoga«, dass auch er immer wieder zu Gelassenheit und Freude findet. Ganz sicher ist es förderlich, dass Jörg *großherzig,* auch in schweren Zeiten *zuversichtlich und offen für Neues* ist. Denn das sind wesentliche Eigenschaften, um sich in der Beziehung wohlzufühlen und glücklich zu sein.

3

Sich rundum wohlfühlen

»Jeder ist seines Glückes Schmied«: Dass diese Volksweisheit der Wahrheit entspricht, hat Richard Davidson, einer der führenden Experten auf dem Gebiet der Emotions- und Achtsamkeitsforschung, der 2006 vom *Time Magazine* zu einem der hundert einflussreichsten Menschen der Welt ernannt wurde, wissenschaftlich belegt. Er hat untersucht, was wir benötigen, damit wir uns rundum wohlfühlen und kam zu dem Schluss, dass Wohlbefinden kein nebulöser Zustand ist. Viel mehr ist »sich wohlzufühlen, glücklich und zufrieden zu sein« eine Fähigkeit, die man lernen kann wie Cellospielen oder Jonglieren.

Es liegen umfassende Forschungen auch von anderen Kolleginnen und Kollegen vor, die nahelegen, dass sich das subjektive Wohl-Sein beträchtlich steigert, wenn man die vier folgenden Schlüsselfertigkeiten trainiert:

1. Schlüssel:
Blick für das Gute

Davidson nennt es *Positive Outlook*. Damit meint er die *Fähigkeit, Gutes wahrzunehmen und wertzuschätzen.* Zum Beispiel in der Lage zu sein, eine andere Person mit ihrer Menschlichkeit, Verletzlichkeit und angeborenen Güte zu erkennen. Oder in der Lage zu sein, auch im Angesicht von Irritationen, Enttäuschungen und Ärgernissen den Blick für das Gute nicht zu verlieren. Die Wahrnehmung bewusst auf das zu richten, was gelingt, was förderlich ist und guttut, hat eine heilsame Wirkung auf Körper, Geist und Herz. In Beziehungen beugt sie der Tendenz vor, sich an den Schrullen des anderen festzubeißen, statt die Sternstunden zu feiern.

2. Schlüssel:
Großherzigkeit

Gemeint ist eine Herzensbewegung, eine liebevolle Zuwendung, die leichtfällt und aus der Fülle kommt. Wenn die Liebe sich aus unserem Inneren heraus in freundliche Taten und Gesten ergießt, stimmt dies uns selbst auch froh. Großzügigkeit oder Großherzigkeit ergeben sich daher niemals aus Gewissensbissen oder Pflichtgefühlen, sondern sind absolut frei. Es ist menschlich, dass es Zeiten gibt, in denen wir anderen gegenüber nicht generös sein können. Wenn wir uns bedürftig und unerfüllt fühlen, ist es wichtig, mit uns selbst großzügig und mitfühlend zu sein. Wir sollten in solchen Phasen uns selbst und unsere Verletzlichkeit nicht übergehen, sondern unsere volle Zuwendung nach innen richten und alles dafür tun, damit sich die Tanks wieder füllen.

3. Schlüssel:
Aufmerksamkeit

Aufmerksamkeit ist die Fähigkeit, zu steuern, worauf sich die eigene Wahrnehmung richtet. Das klingt zunächst simpel und selbstverständlich. Tatsache ist aber, dass wir einen großen Teil unserer wachen Zeit innerlich abgelenkt und nicht bei den Dingen sind, die wir tun oder denken wollen. Hinzu kommt, dass Abgelenktheit zu Kummer führt: Unser Organismus hat nämlich die Tendenz, sich stärker auf Negatives als auf Förderliches zu fokussieren. Unter Druck verstärkt sich diese

Neigung. Je gestresster wir sind, desto mehr driftet unsere Aufmerksamkeit zu »Schlechtem«. Wer schon einmal versucht hat, ein Laster abzulegen, kennt das. Unter Druck sind wir stark rückfallgefährdet bzw. sind gar nicht erst in der Lage, uns von negativen Gewohnheiten zu lösen. Bei Beziehungsstress können wir zeitweise kein gutes Haar mehr an dem anderen lassen und fühlen uns selbst immer schlechter. Wie wäre es also, wenn Sie seltener in negative Gedanken abdriften und stattdessen ganz präsent sein könnten – für die Dinge, die Sie tun, Ihre Gedanken, Worte, Handlungen; für Ihre innere Wahrnehmung genauso wie dafür, Ihren Mann oder Ihre Frau ganz bewusst zu sehen, zu hören und zu spüren.

4. Schlüssel:
Resilienz

Resilienz ist die Geschwindigkeit, mit der sich eine Person geistig, körperlich und emotional von schwierigen Erfahrungen erholt. Je besser diese Erholungsfähigkeit, desto besser sind Menschen für die Herausforderungen des Lebens gewappnet. Schließlich sind wir nicht davor gefeit, dass allerhand passiert. Es führt aber in einen Teufelskreis, wenn wir mit anhaltender Angst, Aggression oder Ohnmacht auf Dinge reagieren, die nicht rückgängig zu machen sind. Fragen Sie sich einmal, wie lange Sie brauchen, um sich zum Beispiel von (Beziehungs-)Stress zu erholen. Wie schnell finden Sie zurück zu einem unbeschwerten und entspannten Miteinander?

Achtsamkeit ist eine alte Wissenschaft

Was Richard Davidson mit moderner Wissenschaft belegt, ist im Kern jahrtausendealtes Wissen. Heute wird es unter der Bezeichnung Achtsamkeit vom Dalai-Lama, von Thich Nhat Hanh, Tara Brach, Kristin Neff, Alan Wallace, Matthieu Ricard und vielen anderen gelehrt.

Achtsamkeit als Generalschlüssel nutzen

Die aktuelle Forschung bestätigt, dass mithilfe gezielter Achtsamkeitsübungen die vier von Davidson bestimmten Schlüsselfähigkeiten tatsächlich kultiviert werden.

Durch Achtsamkeitsübungen können Sie

- zu gesammelter Aufmerksamkeit finden,
- sich von schwierigen Erfahrungen schneller erholen,
- den Blick für das Gute öffnen sowie
- Großherzigkeit und Mitgefühl entwickeln.

Dabei ist es völlig unerheblich, welche Qualität Sie als Erstes stärken. Denn diese Fähigkeiten »kommunizieren« miteinander. Wenn eine Fähigkeit gestärkt wird, ziehen die anderen früher oder später nach. Beispielsweise sind wir in erholtem Zustand zuversichtlicher als unter Anspannung.

Wenn wir weniger abgelenkt sind, können wir uns leichter anderen zuwenden und werden mitfühlender und großherziger. Insgesamt führt Achtsamkeit zu mehr Einklang von Körper, Geist und Herz und stiftet Wohl-Sein innen wie außen.

Wie würde es Ihnen und Ihrer Partnerschaft zugutekommen, wenn Sie sich von Rückschlägen und Enttäuschungen, von Ärger und Zweifel zügig erholen könnten? Wenn Sie sich den guten Dingen in Ihrer Partnerschaft zuwenden?

Wie wäre es, wenn Sie mit sich selbst großzügiger sein könnten und auch den anderen so sein lassen könnten, wie er ist: verletzlich, sehnsüchtig, manchmal in sich gekehrt und manchmal ganz da – einfach menschlich?

Hausapotheke gegen Unwohlsein

Natürlich wären wir alle gern entgegenkommend, nachsichtig und lebensfroh. Doch so leicht scheint es nicht zu sein. Denn unsere Wahrnehmung neigt dazu, negativen Reizen mehr Aufmerksamkeit zu schenken als positiven. Dieses Muster wurde Millionen Jahre lang von Reptilien, Säugetieren und Neandertalern trainiert und an den modernen Menschen weitergegeben. Wenn wir uns davon lösen und in unsere wahre Menschlichkeit hineinwachsen, Bewusstsein und Liebesfähigkeit entwickeln wollen, brauchen wir einen neuen Trainingsplan. Diesen finden Sie auf den nächsten Seiten.

Mit der folgenden Übung können Sie sowohl Aufmerksam-keit trainieren als auch Ihren Blick für das Gute schärfen.

Tagebuch des guten Lebens: Führen Sie ein Tage-buch für das Gute in Ihrem Leben. Nehmen Sie sich für die Dauer von zwei bis drei Wochen abends zehn Minuten Zeit und schreiben Sie auf, was Sie an diesem Tag Gutes erfahren haben. Es können große Dinge sein und Kleinig-keiten. Es können Erlebnisse mit anderen Menschen sein, sie können aber auch mit Tieren, Plätzen, Gegenständen oder Tätigkeiten in Zusammenhang stehen. Was immer Ihnen in den Sinn kommt, beschreiben Sie die gute Erfah-rung nach dem gleichen Muster wie Ihre Beziehungsbau-stellen auf Seite 25: Notieren Sie zunächst die Situation, dann machen Sie sich klar, welche Gedanken Sie in dem Moment der Erfahrung hatten, welche Gefühle aufkamen und wie sich Ihr Körper in dem Augenblick angefühlt hat. Als Letztes machen Sie sich klar, wie Ihre Erfahrung jetzt ist, in dem Moment des Erinnerns.

Ein Beispiel aus meinem Leben sähe so aus

Die Situation: Ich wollte eine Straße queren, an einer Stel-le ohne Ampel oder Überweg. Ein Auto hielt, und der Fah-rer hat freundlich gewinkt und mir signalisiert, dass er wartet und ich gehen könne. Ich dachte: »Huch – wie nett, das wäre doch nicht nötig gewesen.« Ich fühlte: Freude und ein bisschen Scham.

In meinem Gesicht nahm ich ein Lächeln wahr, und meine Hand hob sich zum Gruß. Durch meinen Körper ging ein Ruck, und ich beeilte mich, auf die andere Seite zu kommen. Während ich mich erinnere, lächle ich und mir wird angenehm warm.

Seien Sie bei dieser Übung wie eine Kamera, die einfach aufzeichnet, ohne zu bewerten. Wundern Sie sich nicht, wenn es paradoxe Reaktionen gibt. So wie bei mir – ich freute mich über die freundliche Geste des Autofahrers und im gleichen Moment schämte ich mich ein bisschen dafür. Oder Ihnen fällt erst beim Aufschreiben auf, dass es am Tag etwas Schönes gab, während Sie in der Situation selbst gar nicht richtig mitgekriegt haben, dass es gut war. In der Geschäftigkeit des Alltags, wenn wir auf Autopilot schalten und das Leben mehr bewältigen, als es mit allen Sinnen zu erfahren, ist es leider oft so, dass wir über gute Dinge achtlos hinweggehen.

Gönnen Sie sich wirklich einige Zeit, um ganz allgemein gute Erfahrungen zu beachten. Sie werden staunen, was Ihnen in den Sinn kommt. Oft sind es kleine Alltäglichkeiten – der blaue Himmel, eine freundliche Begegnung mit einem Fremden, mit einem Kind oder Hund. Ein Spaziergang von der Arbeit nach Hause, ein köstliches Mahl, ein Song im Radio. Sie werden bemerken, dass das bewusste Wahrnehmen dieser schönen Erfahrungen etwas in Ihnen verändert. Vielleicht werden Sie insgesamt heiterer, entspannter, vielleicht bekommen Sie mehr Elan, und manches fällt Ihnen leichter.

Den Blick für Gutes schärfen

Die Situation war:

_____

_____

_____

_____

_____

Ich hatte folgende Gedanken:

_____

_____

_____

_____

_____

Gefühlt habe ich:

_____

_____

_____

_____

_____

In meinem Körper spürte ich:

_____

_____

_____

_____

_____

Während ich mich jetzt erinnere, fühle ich:

_____

_____

_____

_____

_____

_____

_____

_____

_____

Freude am Leben, Freude in der Partnerschaft

Seien Sie neugierig, welche Auswirkung es auf Ihre Partnerschaft hat, wenn Sie sich am Leben erfreuen. Sind Sie weniger gereizt, weniger fordernd und kritisch, sind Sie geduldiger, fröhlicher, spontaner? Und wie reagiert Ihr*e Lebensgefährt*in darauf?

Wenn sich Ihr Blick für die angenehmen Seiten des Lebens insgesamt mehr öffnet, können Sie ausprobieren, wie es ist, das Gute in Ihrer Beziehung zu (be)achten. Wir haben manchmal sehr hohe Erwartungen an unsere Beziehung und verlieren die kleinen, alltäglichen Schönheiten aus dem Blick. Die meisten Menschen reagieren überrascht, wie viel Gutes sie entdecken. Freundliche Gesten des Partners, aber auch anderes, was sie als Selbstverständlichkeit abgetan und lange Zeit gar nicht mehr gewürdigt haben. So ähnlich wie wir bei einer Erkältung keine Freude dafür empfinden, dass die Verdauung gut funktioniert, so verlieren wir die Fähigkeit, uns über Alltägliches im Beziehungsleben zu freuen. Zum Beispiel über die Tatsache, dass jemand da ist, wenn wir nach Hause kommen. Dass der Kühlschrank gefüllt ist, das Bett angewärmt, der Kaffee morgens schon duftet, wenn wir wach werden.

Suchen Sie nicht nach Dingen, die Ihnen exklusiv zum Geschenk gemacht werden – sondern beginnen Sie damit, auf die Dinge zu achten, die durch das Zusammensein mit Ihrem Mann oder Ihrer Frau das Leben freundlicher, wohliger und leichter machen.

Sie werden feststellen, dass ich nur wenige Hinweise gebe, wie Sie Ihre Erfahrungen aus den Übungen auf den alltäglichen Umgang mit Ihrem Partner übertragen können. Ich vertraue auf die Wirkung der Achtsamkeit – je mehr diese sich in Ihnen ausbreitet, desto kreativer und einfühlender werden Sie sein. Desto besser werden Sie in der Lage sein, Gespräche konstruktiv zu gestalten, Schwierigkeiten zu artikulieren, ohne sich selbst zu verlieren oder den anderen zu verletzen. Sie werden auch mehr und mehr mitbekommen, was Sie beitragen können, damit das Leben für Sie beide leichter und gelassener wird.

Es ist nicht notwendig, sich auf neue Kommunikations- oder Verhaltensregeln zu stützen. Wenn Sie sich den Generalschlüssel Achtsamkeit zu eigen machen, mit den Übungen in diesem Buch und mit jeder anderen Möglichkeit, die sich Ihnen eröffnet, werden Sie wissen, was Sie für Ihr Liebesglück tun oder lassen können, und Ihre Beziehung weise gestalten.

Wenn Sie mithilfe des Tagebuches mehr und mehr Erfahrung gesammelt haben, das Gute zu sehen und sich selbst dabei zu spüren, könnten Sie über das Gute in Ihrem Lebensgefährten oder Ihrer Lebensgefährtin meditieren. Es geht nicht darum, Eigenschaften und Verhalten dieses Menschen zu analysieren, umzudeuten oder schönzureden. Es geht auch nicht darum, Listen zu schreiben. Es geht darum, unabhängig von Schwierigkeiten, das Schöne, Zarte, Starke, Schöpferische, Verletzliche, Freundliche, Fröhliche wahrzunehmen, das *auch* da ist.

Das Gute im anderen sehen

Setzen Sie sich gelegentlich still hin. Wählen Sie dafür einen Platz, an dem Sie sich ungestört und entspannt niederlassen können. Nehmen Sie ein paar tiefe Atemzüge und lassen Sie dann alles Bemühen los. Öffnen Sie einfach Ihre Wahrnehmung für das Gute in dem Menschen, mit dem Sie zusammenleben. Lassen Sie sich überraschen, was Sie sehen, fühlen, spüren und denken werden. Halten Sie Ausschau nach den guten Eigenschaften Ihres Liebsten, nicht nach dem, worin er oder sie Ihren Ansprüchen nicht genügt. Wer suchet, der findet!

Wenn Sie bei den Übungen bemerken, dass es Ihnen schwerfällt, Ihre Gedanken, Gefühle und Körperempfindungen zu beobachten, wenn Sie häufig abgelenkt sind und von Erinnerungen, inneren Diskussionen oder Plänen für die Zukunft gefangen genommen werden, ist es empfehlenswert, erst einmal für einige Zeit Ihre Aufmerksamkeit – die Grundlage von Achtsamkeit – zu schulen. Nutzen Sie dazu die Basisübung der Atembetrachtung von Seite 48.

Legen Sie notorische Schwarzseherei ab

Dass wir das Gute aus dem Blick verlieren, hat evolutionäre Gründe: Für unsere Vorfahren – von den Amöben bis zu den ersten Menschen – war es eine kluge Haltung, Gefahren und Problemen mehr Beachtung zu schenken als den guten Dingen des Lebens. Es ist für das Überleben günstiger, vom Schlimmsten auszugehen. Denken Sie z. B. ans Pilzesammeln. Es ist zwar schade, einen genießbaren Pilz, den man irrtümlich für giftig hält, stehen zu lassen. Aber es wäre tödlich, einen giftigen Pilz fälschlicherweise für genießbar zu halten und zu verzehren.

In unserem Gehirn ist die Amygdala, der sogenannte Mandelkern, dafür zuständig, Gefahren zu wittern. Sie ist wie ein großer Radar, der Alarm gibt, wenn Ungutes auf dem Schirm auftaucht. Sobald die Gefahr gebannt ist, verstummt der Alarm, und es kehrt Ruhe ein. Bei unseren tierischen Verwandten, bei denen es vorrangig ums Fressen und Gefressenwerden geht, funktioniert dieses System tadellos: Sieht das Zebra einen Löwen, springt die Amygdala an und sendet eine Gefahrenmeldung ans Stammhirn. Das Zebra nimmt Reißaus. Hat es sich in Sicherheit gebracht und ist der Löwe außer Sichtweite, verstummt der Alarm, das Zebra grast gemütlich weiter und vergisst den Löwen.

Für uns Menschen ist das leider komplizierter. Wir werden nicht von Löwen bedroht. Trotzdem wittert unsere Amygdala alle möglichen Gefahren und schlägt Alarm – auch bei kritischen Blicken unserer Partner*innen, dreckigem Geschirr auf dem Sofa, geplatzten Verabredungen oder unterschiedlichen Ansichten über die Erziehung der Kinder. Die Amygdala unterscheidet dabei nicht zwischen gedachter Gefahr und faktischer Bedrohung. Sie nimmt Witterung auf, und ist sie erst einmal in Fahrt, verdunkelt sich unser Himmel.

Wenn der Himmel sich zuzieht

Was eben noch gut war, bekommt durch anhaltende Alarmbereitschaft Risse, und ein Schatten legt sich über die Beziehung. Früher konnte man mit seiner Partnerin oder seinem Partner stundenlang still beieinandersitzen und zufrieden lesen. Heute fühlt sich die Stille wie undurchdringliches Schweigen an. Früher freute man sich, wenn der andere glücklich und verschwitzt vom Sport nach Hause kam, jetzt nerven die dreckigen Sachen im Flur. Früher war man glücklich, dass man zusammen war, heute drängt sich die Sorge auf, es könnte vielleicht nicht mehr lange gut gehen. Früher war es toll, keinen Plan zu haben, heute ist es beunruhigend, und man fragt nach Sinn und gemeinsamen Zielen. Wir sehen schwarz, und der Alltag färbt sich grau. Aber das muss nicht so sein. Wir können umlernen, Schwarzseherei ablegen und unsere Sicht auf das Gute wesentlich verbessern.

4

Tanzen zwischen Alleinsein und All-Eins-Sein

Machen Sie sich auf den Weg und lassen Sie sich überraschen, welche Wirkung die Übungen auf Sie selbst und Ihr Paarleben haben. In meine Seminare und in die Einzelarbeit kommen häufig Menschen, die in ihrer Beziehung Probleme haben. Während sie sich durch die Selbsterfahrung besser kennenlernen und insgesamt achtsamer werden, stellen sie erstaunt fest, dass sich auf magische Weise auch das Verhalten ihrer Partner*innen positiv verändert. *Darauf können wir vertrauen: In dem Augenblick, in dem sich in der eigenen Innenwelt etwas verändert und löst, wandelt sich auch die Außenwelt.*

Stöhnen Sie jetzt? Hätten Sie lieber, dass sich der oder die andere ändert? Kann ich verstehen – auch ich wünsche mir manchmal einen etwas anderen Mann. Einen, der morgens gerne plaudert, einen, der etwas weniger von seiner Arbeit bestimmt wird, einen, der sich nicht so leicht ablenken lässt, wenn wir uns gerade gut unterhalten, und der mir häufiger durch kleine Aufmerksamkeiten zeigt, dass ich ihm wichtig bin. Aber wenn ich alles daransetze, ihn zu so einem Mann zu machen, geht der Schuss nach hinten los. Dann nörgle ich an ihm herum, wir bekommen Streit, tun uns weh und driften eher auseinander, als dass sich mein Wunsch nach Innigkeit erfüllt. In der Schule hieß das früher »Thema verfehlt«. Vorwürfe, Forderungen, Klagen und lautes Schweigen gehören zum Vokabular der Schuld- und Schamsprache und sind zutiefst verletzend. Sie enthalten immer dieselbe Botschaft: »Du bist nicht okay!« Das treibt Menschen auseinander und führt zu Einsamkeit statt zu einer erfüllten Beziehung.

Überlegen Sie für einen Moment, was Sie sich von Ihrem Partner oder Ihrer Partnerin wünschen, um sich in der Beziehung wohlzufühlen. Und welche Haltung wünschen Sie sich von diesem Menschen gegenüber Ihren Eigenarten und Vorlieben – auch, wenn er oder sie diese nicht teilt? Und nun fragen Sie sich, was der Mensch an Ihrer Seite braucht, um sich richtig wohlzufühlen.

Richtig, Sie und Ihr*e Partner*in wollen, was sich alle Menschen sehnlichst wünschen: *Menschen wollen tief mit anderen verbunden und dabei ganz sie selbst sein.*

Oft ist der Weg zur Erfüllung dieser Sehnsucht kein Spaziergang. Immer wieder tauchen Abgründe und Hindernisse auf, die uns Angst machen. Vor allem begegnen wir angesichts tiefer Verbundenheit der Angst vor Abhängigkeit, und wenn wir ganz bei uns und ganz wir selbst sind, kommt die Sorge auf, abgelehnt und verlassen zu werden – allein zu bleiben. Wir können unsere Beziehung zu fruchtbarem Boden machen, auf dem unsere Ängste heilen und wir sowohl *allein* als auch *all-Eins* sein können. Wenn das gelingt, nennen wir es Liebe – nennen wir es Glück!

Endlich vereint?

Ich erinnere mich noch gut an einige Stolpersteine auf unserer gemeinsamen Reise ins Glück. Beispielsweise als Jörg und ich nach sechs Jahren Fernbeziehung eine Wohnung in Köln bezogen. Für mich erfüllte sich ein Traum – endlich waren wir Tag und Nacht vereint. Dass wir beide arbeiteten, tat meiner Freude keinen Abbruch, schließlich brachten uns Küche, Bad und Bett ohne komplizierte Verabredungen immer wieder zusammen.

Doch nach einiger Zeit zogen Wolken auf: Mein Mann ist eine Nachteule, ich bin ein früher Vogel. Wenn Jörg abends noch fernsah, habe ich ihn vermisst. Ich wollte in seinen Armen einschlafen, und es verunsicherte mich, dass er nicht genauso empfand. Zu Zeiten unserer Wochenendbeziehung konnte er nicht genug davon bekommen, mit mir Arm in Arm im Bett zu liegen. Was konnte jetzt am Bildschirm schöner sein? Auf die Idee, dass Jörg auf das Lagerfeuer des 20. Jahrhunderts blickte und mehr bei sich selbst als bei der Sendung war, wäre ich damals nicht gekommen. Vielleicht hätte ich ihn dann leichter so sein lassen können, wie er in dem Moment war. Die fehlende Nähe machte mich aber unsicher, und wie Sie mittlerweile wissen, reagieren wir auf Unsicherheit reflexhaft mit Ablehnung. Also versuchte ich den Lauf der Dinge zu ändern und fing an, meinen Mann zu bedrängen. Ich wollte ihn zu mir locken. Wahrscheinlich fühlte er, dass ich mehr mit meiner eigenen Unzufriedenheit beschäftigt war, als ihn so zu sehen und zu nehmen, wie er gerade war. Das war offenbar wenig einladend, denn er blieb auf der Couch. Wenn er dann später unter unsere Decke kroch, war ich eingeschnappt und konnte seine Berührungen nicht erwidern, die heiß ersehnte Nähe nicht genießen. All das lief natürlich völlig unbewusst ab, brachte den Haussegen aber in Schieflage. Ich wollte das Ruder herumreißen und setzte alles daran, um ihn mehr in die Zweisamkeit zu locken. Sobald er in der Wohnung war, zettelte ich Gespräche an, belagerte ihn mit Ideen, Fragen und Weltansichten, forderte ihn zu mehr Mitarbeit im Haushalt auf, wies auf Termine, Pflichten und Probleme hin. Ich erkannte überhaupt nicht, dass er sich dadurch von mir vereinnahmt fühlte, und reagierte verletzt, wenn er häufiger abends allein ausging. Manchmal brach ein Drama von Tränen, Schuldzuweisungen und Verzweiflung über uns herein. Wir waren jung, wir hatten Mitte zwanzig keine Ahnung, dass unsere Beziehungsdynamik von Urinstinkten geleitet wurde, die uns bereits in die Wiege gelegt wurden.

Beziehungsstile werden in die Wiege gelegt

Der Spagat zwischen Alleinsein und All-Eins-Sein, der Liebestanz zwischen Nähe und Distanz, beginnt mit unserem ersten Atemzug und ist manchmal richtig stressig. Stress ist unabhängig vom Lebensalter Nährboden für Schutzverhalten, und so kommt es vor, dass wir auf den geliebten Menschen an unserer Seite mitunter höchst empfindlich reagieren. Als würde es um Leben und Tod gehen, fahren wir manchmal die Krallen aus, bringen unsere Geschütze in Stellung oder wenden uns sogar von unserem Ein und Alles ab, wenn etwas nicht so läuft, wie wir es uns wünschen.

Wie ist das möglich? Natürlich ist es nicht schön, wenn der Partner ein Versprechen bricht, Forderungen stellt, den Urlaub aus beruflichen Gründen absagt, sich mit einer anderen Frau trifft – aber unser Leben ist dadurch ganz gewiss nicht in Gefahr. Und doch fühlt es sich manchmal genauso an. Als würde uns der Boden unter den Füßen weggezogen, als hingen wir an einem seidenen Faden, als würden wir regelrecht verhungern. Diese existenziellen Gefühle sind in den meisten Fällen ein Echo aus Kindertagen. Jedes Baby ist abhängig von der Fürsorge der Mutter bzw. der Bezugsperson, die diese Funktion übernimmt. Wenn keine Einstimmung da ist, wenn die fürsorgende Person abgelenkt, ängstlich, kontrollierend oder ablehnend ist, werden die Bedürfnisse des Kindes nach Wärme, Nahrung, Aufmerksamkeit, Halt nicht angemessen erfüllt, und es bekommt Angst, Todesangst! Das Kind nimmt fehlende Präsenz und Einstimmung als Bedrohung wahr. Es setzt sich gegen diese Todesangst durch instinktive Schutzreaktionen wie Kampf, Flucht und Erstarrung zur Wehr.

Gleiche Muster bei Babys und Erwachsenen

Um sich vor Beziehungsschmerz zu schützen, kann das Baby naturgemäß nur auf primitive Weise kommunizieren: Das Menschlein schreit, weint, zappelt oder macht sich steif und zieht sich innerlich zusammen. Um auf seine Grundbedürfnisse nach Kontakt, Sicherheit und Zufriedenheit aufmerksam zu machen, variiert es Mimik, Gestik und Stimme zu fünf Verhaltensmustern:

1. Signale: Das Baby äußert Signalrufe und -bewegungen wie Arme ausstrecken, vergnügt quieken, auf die Umgebung zeigen, strahlend lachen und damit die Bezugsperson in ein Zusammenspiel verwickeln und ihre Aufmerksamkeit binden.

2. Protest: Wenn sich die Bezugsperson nicht so verhält, wie es das Baby braucht, beginnt es zu protestieren, energisch zu schreien und sich aufzubäumen. Dabei herrscht viel Spannung in dem kleinen Körper.

3. Abkehr: Wenn der Protest nicht zu dem erwünschten Verhalten der Bezugsperson führt, dreht sich das Baby weg. Es bricht den Kontakt ab und schaut demonstrativ zur Seite.

4. Zusammenbruch: Wenn Protest und Abkehr nicht dazu führt, dass sich die Bezugsperson so verhält, wie es das Baby braucht, um sich angenommen, sicher und zufrieden zu fühlen, kollabiert die Spannung. Das Baby weint und jammert und kann sich kaum wieder beruhigen.

5. Wiedergutmachung: Sobald sich die Bezugsperson passend verhält und das bietet, was das Baby braucht, entspannt und beruhigt es sich, strahlt ungetrübte Freude aus und schaut erneut offen in die Welt.

Erkennen Sie diese Verhaltensweisen wieder? Überlegen Sie einmal, wie Sie versuchen, mit fehlender Einstimmung klarzukommen. Wie sieht in Ihrer Beziehung Protest oder Wehklagen aus? Welche automatisierten Strategien verfolgen Sie, wenn Sie mehr Verbindung, Kontakt und Zuwendung wollen? Werden Sie bissig und vorwurfsvoll? Wie sieht es aus, wenn Sie sich abwenden? Machen Sie sich rar und ziehen Sie sich ins eigene Zimmer zurück? Fliehen Sie in amouröse Abenteuer, ins Büro oder Fitnesscenter? Verstummen Sie vielleicht oder drehen Sie sich weg, wenn Ihr Mann oder Ihre Frau Sie umarmen will? Wie drücken Sie Ihre wortlosen Schreie »Ich bin hier! Nimm mich wahr! Kümmere dich! Mach, dass es mir gut geht!« durch Ihr Verhalten aus? Gelingt es Ihnen, wieder aufeinander zuzugehen, sich zu versöhnen und gegenseitig das »Richtige« zu bieten, damit es wieder gut ist?

Nehmen Sie sich Zeit und ergänzen Sie meine Liste mit Ihren eigenen instinktiven Gewohnheiten.

Meine typischen Signalrufe nach guter Beziehung sind:

- Ich strahle Jörg an und breite meine Arme aus.
- Ich erzähle ihm von meinem Tag, meinen nächtlichen Träumen, von interessanten Zeitungsartikeln.
- Ich frage ihn nach seiner Arbeit.

- Ich mache ihn auf einen bevorstehenden Termin aufmerksam.

- _____
- _____
- _____

Mein typischer Protest sieht so aus:

- Der Übergang von Signal zu Protest ist schleichend, ich weise zum Beispiel nachdrücklich darauf hin, dass der Rasen gemäht, die Spülmaschine ausgeräumt und das Leergut weggebracht werden muss.
- Meine Stimme wird hart und scharf.
- Ich werde fordernder, kritischer.
- Ich sperre mich dagegen, ihm einen Gefallen zu tun.
- Mir platzen ärgerliche Bemerkungen heraus.

- _____
- _____
- _____

Meine instinktive Abkehr sieht oft so aus:

- Ich werde wortkarg.
- Ich beantworte nur einsilbig seine Fragen danach, was ich heute vorhabe oder wo der Autoschlüssel ist.
- Ich drehe mich im Bett weg und igele mich ein.
- Ich mache mich rar, gehe zum Yoga, verabrede mich mit Freunden und schalte öfter mal mein Telefon aus.

- Ich habe jede Menge zu tun und keine Zeit.

- _____

- _____

- _____

Meinen Zusammenbruch erkennt man daran,

- dass ich nur unter Tränen sprechen kann.
- dass ich Kritik mit »immer«, »nie« etc. stark verallge-
  meinere, womit meine Verzweiflung zum Ausdruck
  kommt.
- dass ich mich kaum beruhigen kann, schlecht schlafe
  und viel weine.

- _____

- _____

- _____

Ich erlebe Wiedergutmachung, wenn

- Jörg ganz da ist,
- mich berührt,
- mich anschaut,
- offen zuhört,
- und auf sanfte Art mit mir spricht.

- _____

- _____

- _____

Alle fünf Verhaltensweisen prägen noch heute das Zusammenspiel mit unseren Partner*innen. Sie gehören zu unserer Instinktnatur. Tiere reagieren auf Gefahr mit Kampf, Flucht oder Erstarrung. Das unreife Menschenkind kämpft, indem es schreit, sich streckt und aufbäumt. Da es sich nicht vom Fleck bewegen kann, wendet es den Kopf zur Seite und geht aus dem Kontakt. Wenn es sich vollkommen hilflos fühlt, verzweifelt es, weint, kräht und zappelt wie wild. Wenn ein Baby gar keine Zuwendung erhalten würde, würde es apathisch werden, erstarren und sogar sterben.

Das Baby kann sich nicht selbst helfen, es kann seine Windeln nicht wechseln, es kann sich nichts zu essen holen, wenn ihm etwas zu viel wird, kann es nicht gehen, es kann sich auch nicht selbst beruhigen und trösten. Aber sobald ihm das »Richtige« geboten wird – Wärme, Halt, Nahrung, liebevolle Zuwendung, Raum, Schutz, Spiel –, entspannt es sich und schaut wieder ganz vergnügt und offen in die Welt.

Diese frühen kindlichen Erfahrungen schlagen sich noch immer in unseren erwachsenen Beziehungen nieder:

● Wir wollen, dass der Partner sich so verhält, dass es uns gut geht.

- Wenn das nicht der Fall ist, werden wir sauer, wenden uns ab, geraten in Verzweiflung.
- Wir warten darauf, dass der andere den ersten Schritt zur Wiedergutmachung macht.

> Was wir viel und häufig trainieren, beherrschen wir irgendwann im Schlaf!

Dadurch, dass wir schon von Kindesbeinen an Angst mit Flucht, Ärger oder Verzweiflung abwehren, wird das auch zu unserer bevorzugten Verhaltensweise bei schwierigen Situationen im Erwachsenenalter. Zellen, Gewebe- und Organstrukturen verinnerlichen die früh erlernten Reaktionsmuster gegenüber intimen Bezugspersonen und rufen sie auch später im Leben spontan ab, wenn die Verbindung zu unseren Partner*innen in Gefahr gerät.

Nicht die realen Situationen – das Zuspätkommen, der kritische Blick, das missglückte Weihnachtsgeschenk – sind das eigentliche Problem. Sondern die darunterliegende unbewusste Angst, keine gute, nährende, stimmige Beziehung zu haben.

Nicht, was wir erleben, sondern
wie wir empfinden, was wir erleben,
macht unser Schicksal aus.
Marie von Ebner-Eschenbach

So verschieden wir Menschen sind, so sehr unterscheiden wir uns darin, was uns Beziehungsangst macht. Mein Mann z. B. braucht häufiger Zeit und Raum für sich, er fühlt sich sonst eingeengt, kontrolliert und fremdbestimmt und reagiert abwehrend. Bei mir lösen seine Bedürfnisse nach *Alleinsein* manchmal Trennungsangst aus.

Früher wurde ich von dieser Angst erfasst, wenn Jörg später nach Hause kam als vereinbart. Ohne zu bemerken, dass Angst im Spiel ist, wurde ich einfach nur sauer, wenn Jörg weg war und ich nicht wusste, wann er zurückkommen würde. Ich versuchte, durch SMS-Terror Kontakt zu erzwingen. Da er keine Ahnung hatte, was in mich gefahren war, und sich gegen mein Drängen wehrte, bekamen wir unnötigen Stress miteinander. Unser Wiedersehen auf der Bettkante war dann mürrisch, unterkühlt, manchmal sogar tränengetränkt. Wenn es einem von uns beiden gelang, über seine Gefühle und Bedürfnisse zu sprechen, wendete sich das Blatt schlagartig. Mir tat es augenblicklich leid, dass Jörg sich in die Enge gedrängt fühlte. Ich konnte seine Gegenwehr sofort nachempfinden. Und auch er reagierte mitfühlend und tröstend, als er hörte, dass sich in mir Angst ausgebreitet hatte, die ich mir damals noch nicht erklären und noch viel weniger aushalten konnte.

Mit der Liebe kommt die Angst

Alle Paarkonflikte können im Grunde auf zwei Kernängste zurückgeführt werden, die auch Jörg und mich immer wieder in die Bredouille bringen:

- Angst, die Verbindung zu verlieren
- Angst, sich selbst zu verlieren

Wenn Angst geweckt wird, verlieren wir unsere Sicherheit und setzen alles daran, sie zurückzugewinnen. Manche Menschen reagieren eher aggressiv, werden ungeduldig, barsch, fordernd, herrisch. Andere suchen Sicherheit in der Flucht, werden unnahbar und ziehen sich zurück. Wenn wir das Gefühl haben, dass uns die Mittel fehlen, geraten wir in Verzweiflung, toben, weinen, schlagen mit Worten oder Taten blind um uns. All diese Verhaltensweisen drücken Angst aus. Ohne Not würde kein Mensch kämpfen, flüchten, um sich schlagen oder erstarren. Ohne Not könnte sich jeder sicher fühlen, aufgehoben, geborgen, glücklich und zufrieden.

··

ÜBUNG

··

Nehmen Sie sich einen Moment Zeit und denken Sie darüber nach, ob es für Sie einen Unterschied macht, wenn Sie wissen, dass Ihr Mann oder Ihre Frau aus Not abweisend, ärgerlich, anhänglich, fordernd, ungeduldig, in sich gekehrt, hektisch, zerstreut oder abwesend ist. Und was empfinden Sie, wenn der Mensch, den Sie lieben, Angst hat? Was ist Ihre spontane Reaktion?

Die meisten Menschen, mit denen ich arbeite, werden milde und mitfühlend, wenn Sie das Verhalten Ihrer Partner*innen auf diese Weise betrachten. Mit Blick auf die Angst wird verständlich, warum wir die Situation mit unserem Mann oder unserer Frau nicht verbessern, wenn wir auf unliebsames Verhalten stur, streng, hoch emotional oder betont sachlich reagieren.

Die Dominanz sinnlicher Botschaften gegenüber Sprache gilt für alle Menschen ungeachtet ihres Lebensalters. Forscher haben festgestellt, dass wir Informationen zu 60 Prozent der Körpersprache entnehmen, zu 33 Prozent aus Stimme und Tonlage ablesen und nur zu 7 Prozent aus den eigentlichen Worten herleiten.

Krisen zu meistern heißt, eine passende Antwort auf die darunterliegende Angst zu finden. Wenn wir ihr auf heilsame Weise begegnen wollen, sollten wir uns erinnern, was gute, liebevolle Eltern tun, wenn ihr Sprössling Angst hat – zum Beispiel vor Gespenstern: Sie haben Mitgefühl, hören aufmerksam zu und nehmen Anteil, wenn das Kind aufgeregt weinend von bösen Schatten an der Wand erzählt. Sie nehmen das Kind schützend in den Arm, halten es und sind ihm ganz nah. So kann es die Ruhe und Sicherheit der Eltern spüren und den tröstenden, sanften Worten lauschen. Wenn sich das Kind beruhigt hat, und erst dann, machen gute Eltern den Vorschlag, die Wand genauer zu untersuchen, vielleicht das Licht anzumachen und zu prüfen, ob tatsächlich Gespenster im Raum sind. Aufgeregte

Kinder reagieren vor allen Dingen auf sinnliche Unterstützung und nicht auf sachliche Argumente. Sie reagieren auf Halt, beruhigende Berührungen, eine sanfte Stimme und freundliche Augen. Wenn sie sich mit ihrer Angst nicht angenommen fühlen, sind sie auch nicht offen für die Erklärungsversuche der Erwachsenen. Spüren sie aber, dass es okay ist, Angst zu haben, dass ihnen Verständnis und Anteilnahme entgegengebracht werden, können sie sich beruhigen und lassen sich bereitwillig auf die Untersuchung der Wand ein. Dann wollen sie Licht und Schatten erkunden und verlieren allmählich ihre Angst vor der Dunkelheit.

Hausapotheke gegen Angst

Was für Kinder heilsam ist, tut auch jedem aufgewühlten Erwachsenen gut:

- freundliche Zuwendung, Mitgefühl und Anteilnahme
- die Ausstrahlung von Ruhe und Sicherheit einer zugewandten Person
- Beruhigung durch gute Berührung, freundliche Augen und eine sanfte Stimme
- Erforschung der Ursachen für die Angst
- Unterstützung bei der Beseitigung der Ursachen für die Angst

Notfallplan bei Angst

Wenn Sie den Verdacht haben, Ihr Liebster verhält sich so, wie er sich verhält, weil er unterschwellig Angst um die gute Verbindung hat oder weil er vielleicht fürchtet, selbst zu kurz zu kommen, reagieren Sie mitfühlend. Fragen Sie sich, was Sie tun oder lassen können, um ihm diese Angst zu nehmen und seine Situation zu verbessern. Ich kann Ihnen hier wenig Tipps geben, denn was den einen tröstet, macht den anderen rasend. Sie kennen Ihren Partner oder Ihre Partnerin am besten. Fühlen Sie sich ein und stimmen Sie Ihr Verhalten darauf ab. Was könnte helfen? Mehr oder weniger Nähe, mehr oder weniger Worte? Finden Sie es heraus. Nehmen Sie dabei die innere Haltung ein, dem anderen nicht noch mehr zuzusetzen, sondern für Sicherheit sorgen zu wollen.

Wenn Ihnen das schwierig vorkommt, scheint es so zu sein, dass Sie selbst auch mit Ängsten kämpfen. Vielleicht können Sie sich Ihrem Partner nicht mitfühlend zuwenden, weil Sie dann fürchten, nachzugeben und sich selbst untreu zu werden. Dann seien Sie mitfühlend mit sich selbst.
Sie können darauf vertrauen, dass Mitgefühl und die Bereitschaft zu trösten zu unserer menschlichen Natur gehören. Man kann das gut bei Klein-

kindern beobachten. Wenn sie ein anderes Kind sehen, das in der Sandkiste sitzt und weint, gehen sie spontan los und bieten dem weinenden Kind ihr Spielzeug als Trost an. Wenn es klappt und sich das andere Kind beruhigt, strahlen sie über das ganze Gesicht.

Kinder spüren die Not des anderen in sich, und wenn sie sie lindern können, vergeht auch ihr eigener Schmerz wieder. Was wie pures Mitgefühl für das andere Kind aussieht, ist so gesehen auch Selbstmitgefühl. Wir Menschen sind von Natur aus mitfühlend und wollen einander beistehen. Leider kann sich Mitgefühl nur bei wenigen Menschen ungestört entfalten. Viele werden durch gesellschaftliche, kulturelle und familiäre Konventionen gegen Schmerz und Angst abgehärtet. Denken Sie nur an die Redensart »Ein Indianer kennt keinen Schmerz«. Manchen wurde auch eingetrichtert, dass sie selbst nicht zählen und sie ihre Fürsorge, ihren Trost und ihre Liebe anderen schenken müssen. Aber wie soll ich Mitgefühl schenken, wenn ich es für mich selbst nicht habe? Denken Sie noch einmal an das Flugzeug: *Own safety first!*

Wenn Sie in Bezug auf Ihre Beziehung demnächst wieder einmal aufgewühlt sind, sich ärgern oder Sorgen machen, schaffen Sie Raum für Mitgefühl – sowohl für sich selbst als auch für Ihren Mann oder Ihre Frau.

(Selbst-)Mitgefühl

1. Unterbrechen Sie Ihre Tätigkeiten und setzen Sie sich auf einen Stuhl.

2. Geben Sie sich ein paar Atemzüge Zeit, um Ihren Körper und Atem zu beruhigen, indem Sie den Kontakt zum Boden, zur Sitzfläche und Rückenlehne spüren.

3. Atmen Sie ein paarmal tief durch die Nase ein und durch den Mund sanft und hörbar aus.

4. Legen Sie eine Hand auf Ihren Bauch, eine Hand auf Ihr Herz und atmen Sie normal weiter.

5. Wenden Sie sich freundlich nach innen, und finden Sie heraus, wovor Sie sich fürchten. Vor dem Alleinsein oder vor dem All-Eins-Sein? Haben Sie Angst davor, selbst nicht wichtig zu sein, oder fürchten Sie einen Bruch mit Ihrem Partner? Seien Sie dabei wie ein guter Vater oder eine liebevolle Mutter. Verurteilen Sie sich nicht für die Angst, reden Sie sich die Angst nicht aus, hören Sie ihr einfach nur zu.

6. Sprechen Sie dann innerlich oder laut einen oder mehrere der folgenden Sätze. Wählen Sie intuitiv aus, welcher Satz Sie am ehesten erreicht und beruhigt. Sie können die Botschaften auch in eigenen Worten formulieren.
   - Möge ich sicher sein.
   - Möge ich Unterstützung erhalten.
   - Möge ich Vertrauen finden.
   - Möge ich Liebe erfahren.

7. Sprechen Sie anschließend die gleichen Sätze für Ihre*n Partner*in:
   - Mögest du sicher sein.
   - Mögest du Unterstützung erhalten.
   - Mögest du Vertrauen finden.
   - Mögest du Liebe erfahren.

8. Richten Sie Ihre Aufmerksamkeit auf etwas in Ihrer Partnerschaft, wofür Sie jetzt in diesem Moment dankbar sind. Verweilen Sie hier für ein paar Atemzüge.

9. Nehmen Sie Ihren Körper wahr, den Kontakt zum Boden und zum Stuhl, die Berührung der Hände auf Ihrer Brust und Ihrem Bauch und spüren Sie sich als Ganzes.

10. Beenden Sie die Übung und nehmen Sie Ihre Tätigkeit bewusst wieder auf.

> Sei gütig, denn alle Menschen, denen du
> begegnest, kämpfen einen schweren Kampf.
> *C.G. Jung*

Viele Menschen haben ein ambivalentes Verhältnis zu Mitgefühl. Einerseits wünschen sie sich, dass andere mitfühlend mit ihnen sind, andererseits fürchten sie sich davor, schwach und bedürftig zu wirken. Oder es fällt ihnen leicht, mitfühlend mit anderen zu sein, nicht aber mit sich selbst. Selbstmitgefühl regt in ihnen den Verdacht, dass sie in Selbstmitleid zerfließen und sich ohnmächtig in ihr Schicksal fügen, oder sie fürchten, selbstgerecht, faul und egoistisch zu sein.

Tatsächlich ist Mitgefühl aber nichts von alldem, sondern es ist eine weise Kraftquelle. Menschen, die erfüllt sind von Mitgefühl für sich selbst und andere, finden ihr Maß und wachsen mit der Zeit über sich hinaus. Sie geben alles mit Begeisterung, ohne auszubrennen. Mutter Teresa ist vielleicht auch für Sie, ungeachtet der Religion, ein beeindruckendes Beispiel für die heilende Kraft des Mitgefühls.

Vom Schatten der Vergangenheit lösen

Wenn wir uns verhalten, wie wir uns verhalten, ist das nicht unser Fehler! Es ist eine Schlussfolgerung aller Erfahrungen, die in uns Eingang gefunden haben. Wir sind ein Produkt unserer Geschichte. Die Evolution steckt uns in den Knochen und prägt auch unser Beziehungsverhalten. Herausforderungen und Errungenschaften der kulturellen Menschheitsgeschichte haben sich in uns niedergeschlagen – beispielsweise haben Antibabypille oder künstliche Befruchtung das Zusammenleben und Selbstverständnis von Männern und Frauen grundlegend verändert.

Unsere individuelle Menschwerdung, unser Organismus und unsere Persönlichkeit stehen unter dem Einfluss unserer Ahnen und den Lebensbedingungen, die diese gemeistert haben, auch unter dem Einfluss der Kultur, in der wir aufgewachsen sind. Eltern, Geschwister, Freundschaften und vorangegangene Beziehungen haben Spuren in uns hinterlassen. Es ist also kein Fehler, sondern Ausdruck unserer bewussten und unbewussten Erfahrungen, wenn wir so sind, wie wir sind. Wir können das Rad nicht zurückdrehen. Wir können nicht ungeschehen machen, was bisher geschah. Aber wir können einen neuen Umgang mit dem Erlebten finden.

Jedem Ausdruck muss ein Eindruck
vorausgegangen sein.
Jean-Luc Godard

Zum Beispiel kann ich tatsächlich nicht ungeschehen machen, dass ich als Säugling mehrere Wochen lang nicht pünktlich gestillt wurde. Mein Bruder lag nach einem Sturz im Krankenhaus und meine Mutter hetzte zwischen ihm und mir hin und her. Es war ihr nicht erlaubt, mich ins Krankenhaus mitzubringen. Häufig kam sie erst nach Hause, wenn ich mir bereits vor Hunger die Seele aus dem Leib schrie. Eine grausame Situation – für das Baby, das fürchtete zu verhungern. Aber auch für meine Mutter, die neben der Sorge um meinen Bruder auch noch wegen des Stillens entsetzlich unter Druck stand. Ihre emotionale Anspannung wirkte nicht gerade beruhigend auf mich. Ihr Stress hat die Panik in mir noch erhöht. Meine Zellen haben diese Erfahrungen gespeichert und rufen noch heute gelegentlich die Gefühle und das Verhalten von damals wach: Wenn sich mein Körper durch langes Warten auf den wichtigsten Menschen in meinem *heutigen* Leben an die Situation erinnert, in der ich auf den wichtigsten Menschen in meinem *damaligen* Leben wartete, reagiert mein gesamter Organismus mit derselben Panik und derselben Anspannung wie damals.

Aber heute verfüge ich über Bewusstheit – ich kann erkennen, dass die Situation nicht so bedrohlich ist, wie sie sich anfühlt. Statt meinem Mann hinterherzustellen und ihn mit SMS zu terrorisieren, kann ich meine Energie darauf verwenden, Mitgefühl für mich und meine Erinnerungsgefühle zu entwickeln.

Kinder, die sich nicht selbst beruhigen können, brauchen Zuspruch, Halt und die ausstrahlende Sicherheit ihrer Bezugspersonen. Diese Funktion übernehme ich heute selbst und tröste die kindliche Not in meinem Inneren. In akuten Situationen von Trennungsangst sieht das dann manchmal so aus: Ich umarme mich, streichle meinen Kiefer und meine Wangen oder summe mit tiefem Ton die Silbe »wuh«. Ich koche mir einen beruhigenden Tee, mache mir eine Wärmflasche und bewege sanft meine Fuß- und Handgelenke. All das hilft, meinen adrenalingefluteten Körper aus der Schockstarre zu lösen. Singen, Grimassen schneiden oder

das Gesicht massieren stimuliert das neurophysio-
logische System und trägt dazu bei, dass ich mich
nicht mehr so abgeschnitten und isoliert fühle.
Und ganz allmählich tauche ich aus den Schatten
der Vergangenheit auf und werde präsent. Im Licht
der Gegenwart kann ich die Situation wieder etwas realistischer beurteilen. Sie wirkt dann längst
nicht mehr so bedrohlich und nimmt mich nicht
mehr vollständig ein. Das gibt mir die Möglichkeit, mein Augenmerk auf Gutes zu richten und
mich daran zu erinnern, dass Jörg gerne spontan
ausgeht und ebenso gerne zu mir zurückkehrt.
Manchmal hilft mir ein Foto, mich mit den guten
Momenten unseres gemeinsamen Lebens zu verbinden. Wenn sich das Unwetter in meinem Inneren beruhigt hat, sich die schwarzen Wolken von
Wut, Angst und Verzweiflung allmählich verzie-
hen, geben sie den Blick frei auf die Liebe, die mich
mit mir selbst, mit Jörg und dem Leben verbindet.

*Angstlos zu sein ist die totale Gegenwart
von Angst, mit dem Mut, ihr zu begegnen.*
Osho

Mich erwachsen und mitfühlend um meine Ängste zu kümmern erhöht die Chancen der Wiedergutmachung. Unsere Begegnung, später, wenn Jörg heimkommt, verläuft dann viel glücklicher. Er hatte einen tollen Abend, ich mache ihm keine Vorhaltungen. Wenn er von mir erfährt, dass es mich durch die Angst-Waschmaschine geschleudert hat, wird er mitfühlend sein, statt sich gegen Angriffe zu verteidigen und auf Abstand zu gehen. Dann können wir uns gegenseitig für eine Weile halten und mit freundlichen Worten beruhigen.

Werden Sie Ersthelfer*in für Ihr Herz

Ich empfehle Ihnen, nicht auf die Suche nach schmerzhaften Geschichten in Ihrer frühen Kindheit zu gehen. Für manche Menschen sind derartige Erinnerungen weder zugänglich noch heilsam. Meine Erfahrungen sollten Ihnen nur veranschaulichen, dass früh erlebte Beziehungsgefühle sehr intensiv sind und in unseren Zellen gespeichert werden. Wenn sie in Ihrer heutigen Partnerschaft durch subtile Auslöser aktiviert werden, fühlt sich alles genauso dramatisch an wie damals. Eine fürsorgliche Antwort auf diese Gefühle zu finden ist wichtiger, als die Geschichten zu ergründen.

Üben Sie sich darin, sich Ihrem verängstigten, kindlichen Selbst mit erwachsener, reifer Fürsorge zuzuwenden. Lernen Sie, intensive Gefühle und Körperreaktionen ohne Angst wahrzunehmen und ihnen innerlich Raum zu geben. Die getrennte Wahrnehmung von Gefühlen, Gedanken und Körperempfindungen, wie sie mehrmals in diesem Buch geschildert wird, ist ein wesentlicher Schritt dahin.

Werden Sie ein*e gute*r Ersthelfer*in. Ergreifen Sie die in der Hausapotheke zusammengetragenen Maßnahmen, wenn Ihr Körper in Panik gerät. Vielleicht haben Sie Lust, sich einen kleinen Notfallkoffer zuzulegen, sodass die Mittelchen, die Ihnen guttun, griffbereit sind. Denken Sie einmal nach: Was könnte Sie beruhigen, trösten und Sie an die guten Dinge in Ihrem Leben und Ihrer Partnerschaft erinnern? Manche sammeln zum Beispiel Fotos in ihrem Krisenköfferchen oder schöne Musik, ein Schmuck- oder Kleidungsstück von Bedeutung. Wenn Sie Lust haben, schreiben Sie doch mal einen Brief an sich selbst. Wählen Sie einen Tonfall, als wären Sie Ihr eigenes Kind oder eine liebe Freundin. Finden Sie Worte, um sich Trost zu spenden und Mut zuzusprechen. Erwähnen Sie in dem Brief all die guten Dinge in Ihrer Beziehung, fassen Sie in Worte, was Sie reich, froh und glücklich macht. Natürlich werden mit zunehmender Heilung die Helferlein weniger wichtig und verschwinden irgendwann vielleicht wieder vollständig. Aber während wir lernen, das Echo der Vergangenheit zu verstehen, und versuchen, uns nicht von ihm in die Irre führen zu lassen, sollte jede Unterstützung willkommen sein.

Erwachsen ist man, wenn man Krisen nicht mehr mit Katastrophen verwechselt.
Arno Geiger

Was könnten Sie in Ihren Notfallkoffer einpacken, um in Zeiten der Not Trost, Sicherheit und Zuversicht zu finden? Womit können Sie Ihrem Organismus Halt, Wohlwollen und Schutz bieten?

Packen Sie Ihren Notfallkoffer:

_____

_____

_____

_____

_____

_____

_____

_____

_____

_____

_____

_____

_____

_____

Wir müssen uns immer wieder daran erinnern, dass wir in dem Moment, wo wir unser Herz öffnen, auch unsere Verwundbarkeit freilegen. Wenn wir weder in unserer Vergangenheit gefangen sein noch davon abhängig sein wollen, dass der Partner oder die Partnerin jederzeit perfekt auf uns eingestimmt ist, sollten wir unser inneres Bindungssystem wetterfest machen. Ein entspannter Körper, ein gelassener Geist, ein weiches Herz sind für uns ein sicherer, warmer, freundlicher Platz, an dem wir uns angenommen und geliebt fühlen.

Wenn Sie mit den Herausforderungen in Ihrem Beziehungsleben auf neue und heilsame Weise umgehen wollen, beginnen Sie damit, Ihr volles menschliches Potenzial zu entwickeln. Lösen Sie sich aus dem Klammergriff der Urinstinkte und begegnen Sie Ihren Gefühlen und Bedürfnissen freundlich, mutig, gelassen, humorvoll, kreativ und liebevoll.

Nutzen Sie die Achtsamkeitsübungen in diesem Buch, um die notwendigen Grundlagen dafür zu schaffen:

- Entspannung und Beruhigung von Körper, Herz und Geist zu unterstützen.
- Die Aufmerksamkeit auf das Wesentliche zu richten.

- Sich aus der Vergangenheit zu lösen und ganz gegenwärtig zu werden.
- Mitgefühl und Güte zu kultivieren.

Die wichtigste Voraussetzung von allen ist jedoch Offenheit. Denn, wie ich eingangs schon schilderte, ohne offen und neugierig zu sein, ohne Forschergeist werden wir nichts Neues erfahren. Und ohne neue Erfahrungen wird sich nichts ändern:

> Wenn du immer das tust, was du immer schon getan hast, wirst du immer das bekommen, was du immer schon bekommen hast.

Erlauben Sie sich, auf sich selbst, auf Ihren Mann oder Ihre Frau, auf die Welt, in der Sie leben, mit ganz neuen Augen zu schauen, als würden Sie alles zum ersten Mal sehen und gerade erst entdecken.

Wie beim ersten Mal!

Erinnern Sie sich noch, wie Sie als Kind zum ersten Mal Eis gegessen haben? An Ihren ersten Zoobesuch oder die erste längere Bahnfahrt, die wie ein Abenteuer zum anderen Ende der Welt war? Viele

Glücksmomente in unserem Leben sind Momente des »ersten Mals«. Eine Entdeckung liegt in ihnen. Wir bemerken Süße, Vielfalt, wir entdecken, dass wir etwas »können«. Und da wir als Kinder vieles zum ersten Mal erleben, glauben wir später oft, dass die Kindheit glücklicher ist als das Erwachsensein. Doch in Wahrheit ist uns nicht das Glück abhandengekommen, sondern oftmals nur die Fähigkeit zu staunen. Den meisten Situationen begegnen wir mit der inneren Haltung, bereits alles über sie »zu wissen«. Wir wissen, dass es im Zoo Bären gibt und dass die braun sind und uns nichts tun können. Als Erwachsene begegnen wir, wenn wir unsere Kinder, Nichten oder Enkel in den Zoo begleiten, weniger einem leibhaftigen Bären als vielmehr dem Bild, das wir uns von dem Bären gemacht haben. Mag sein, dass unser Glück nicht von einer Begegnung mit Bären abhängt.

Aber wie ist es mit unserem Partner, unserer Partnerin? Haben wir nicht vor langer Zeit auch einmal staunend auf sie oder ihn geschaut? War damals nicht jede Bewegung, jedes Wort, jeder »Augen-Blick« wichtig und aufregend für uns? Wann haben wir aufgehört, hinzusehen und hinzuhören? Wann haben wir angefangen zu wissen, wie der andere *immer* ist, anstatt zu entdecken, wie er *jetzt* in diesem Moment ist und wie er außer diesem Wort und dieser Geste sonst noch ist? Offenheit und Neugier sind Qualitäten, die aus einer entspannten Wachheit entspringen. Wenn wir gestresst oder erschöpft sind, nimmt unsere Fähigkeit zu Offenheit und Neugier ab. Das liegt daran, dass mit zunehmendem Stress unser Gefahrenabwehrprogramm anspringt und uns mit einem Tunnelblick auf das Problem ausstattet. Statt Offenheit haben klare Urteile darüber, was gut und was schlecht ist, Vorrang. Je angespannter wir sind, desto kritischer werden wir gegenüber unseren Partner*innen.

Unser Organismus ist aber glücklicherweise keine Einbahnstraße. Signale und Reaktionen gehen in alle Richtungen. Und so kommt es, dass auch die umgekehrte Wirkung möglich ist: Wenn wir uns mit allen Sinnen auf etwas einlassen, uns in völliger Offenheit in diese Erfahrung vertiefen, fällt Anspannung von uns ab. Beispielsweise, wenn wir wohltuende Musik hören oder einem Vogel beim Nestbauen zuschauen. In solchen Momenten sinnlicher Vertiefung bekommt unser Organismus die Rückmeldung, dass wir uns hier und jetzt einlassen. Und das ist ein untrügliches Zeichen dafür, dass alles in Ordnung ist, keine Gefahr droht und es okay ist, wenn wir entspannen.

Hausapotheke gegen Urteile, Kritik und Ablehnung

Wenn Sie mitbekommen, dass Sie kritisch mit Ihrem Partner oder Ihrer Partnerin sind oder sich in der Beziehung unwohl fühlen und Sehnsucht nach etwas anderem haben, sollten Sie prüfen, wie offen und zugewandt Sie selbst gerade sind.

Vielleicht nehmen Sie sich bei der nächsten Begegnung Zeit, den Partner mit allen Sinnen wahrzunehmen. Ihn statt mit dem kritischen Verstand mit dem Herzen anzuschauen und sich für das zu öffnen, was Sie in diesem Moment spüren, sehen, hören, riechen und empfinden.

Sollten Sie nun überhaupt nicht verstehen, was ich meine, und es als ein Ding der Unmöglichkeit einstufen, jemanden, den Sie schon so lange kennen und mit dem Sie Ihr Leben teilen, mit neuen Augen zu sehen, können Sie es zunächst mit einer schrumpeligen Rosine statt mit Ihrem Partner probieren.

Wie beim ersten Mal

Nehmen Sie sich Zeit und setzen Sie sich an einen bequemen Platz, an dem Sie ungestört zehn bis zwanzig Minuten verweilen können. Stellen Sie alle unnötigen äußeren Reize wie Radio oder Telefon ab. Nehmen Sie eine Rosine und erkunden Sie dieses Ding nun mit offenem Staunen – so, als hätten Sie noch nie im Leben eine Rosine gesehen. Setzen Sie alle Sinne ein, um das Wesen dieser Rosine zu entdecken. Ertasten Sie die Oberfläche, geben Sie sanften Druck zwischen Zeigefinger und Daumen, sodass Sie spüren, wie sich die Rosine zusammendrücken lässt und wieder in ihre Form zurückspringt.

Lauschen Sie den Geräuschen der Rosine, halten Sie sie ans Ohr und rollen Sie sie zwischen Ihren Fingern hin und her. Nutzen Sie Ihre Augen, halten Sie die Rosine gegen das Licht und betrachten Sie ihre Farbe, ihre Transparenz, ihre Silhouette.

Unterbrechen Sie Ihr kleines Sinnesabenteuer von Zeit zu Zeit, um sich bewusst zu machen, was Sie denken. Vielleicht erinnern Sie sich an die Großmutter, die Kuchen backt, vielleicht sind da Sätze wie: Blöd, ich mochte noch nie Rosinen, so eine schrumpelige klebrige Angelegenheit. Vielleicht läuft Ihnen aber auch bereits das Wasser im Mund zusammen und Sie hören sich innerlich sagen: Aber jetzt esse ich sie! Halten Sie sich noch eine Weile zurück, beobachten Sie diese Gedanken einfach als das, was sie sind, nämlich Gedanken. Sie müssen ihnen weder folgen noch glauben. Sie können einfach Ihre Sinne wieder voll und ganz auf die Rosine richten und sich dafür öffnen, was Sie jetzt wahrnehmen. Wie sieht die Rosine aus, wie hört sie sich an? Und wenn Sie bereit sind, können Sie versuchen herauszufinden, wie sie schmeckt. Dazu könnten Sie zunächst einmal die Rosine an Ihre Lippen führen und beobachten, wie das Innere des Mundes reagiert, während die Rosine an den Lippen liegt. Und gehen Sie ganz behutsam und in kleinsten Schrittchen weiter – erst die Zungenspitze, dann legen Sie die Rosine vielleicht in die Mundhöhle und bewegen sie an den Zähnen und dem Gaumen entlang – und dann der erste Biss. Nur einer! Wie ist die Reaktion in Ihrem Organismus – was schmecken Sie, welche Empfindungen nehmen Sie wahr? Und was denken und fühlen Sie dabei?

Und dann – wenn Sie das ganz ausgekostet haben, kauen Sie die Rosine klein, so klein, dass sich ihre ganze Substanz in Ihrem Speichel aufgelöst hat, wenn Sie sich so lange gedulden können, zögern Sie es hinaus und dann schlucken Sie.

Geben Sie sich anschließend Zeit, die Erfahrungen zu »verdauen«. Was haben Sie erlebt? Was hat Sie überrascht, was war wie erwartet, gab es angenehme und unangenehme Erfahrungen? Wie sind Sie damit umgegangen? War diese Rosine wie jede andere und genauso, wie Sie sie zu kennen glauben?

Seien Sie neugierig, wie Sie nach der Übung auf Ihre Umgebung schauen und wie Sie Ihren Partner oder Ihre Partnerin danach wahrnehmen. Vielleicht überrascht er oder sie mit einer Süße, die Sie im schrumpeligen Alltag nie erwartet hätten.

Weitere Hausmittel gegen Einschränkung

- **Atmen mit Offenheit:** Wenn Sie diese offene, zugewandte Haltung regelmäßig üben wollen – den Anfängergeist, wie es in der Achtsamkeitspraxis heißt –, können Sie auch die Atembetrachtung von Seite 48 dazu nutzen. Schenken Sie dabei Ihrem eigenen Atem vorbehaltlose Zuwendung – ohne Erwartungen, ohne Kritik. Sie werden bemerken, dass wir häufig eine feste Meinung darüber haben, wie der Atem sein sollte: langsamer, tiefer, angenehmer. Sich von diesen Vorstellungen zu distanzieren, schafft Raum für Offenheit. Wenn Sie regelmäßig mit dem Atem üben, werden Sie mit der Zeit auch sich selbst, der Welt und Ihrem Partner seltener mit Vorurteilen, Erwartungen und Kritik begegnen. Sie werden den Menschen an Ihrer Seite mit neuen Augen sehen, wie beim allerersten Mal.

- **Sich wundern:** Wenn Sie das nächste Mal nicht einverstanden sind mit dem, was der Mensch, den Sie lieben, tut oder wie er bzw. sie es tut – erlauben Sie sich zu staunen, statt zu kritisieren. Wundern Sie

sich zum Beispiel so: »Ich frage mich, was er vorhat«
oder »Ich bin neugierig, wie sie das meint!«.

Betrachten Sie Konflikte immer
als Aufeinanderprallen von Ideen,
nicht von Menschen.
Robert Kegan

Machen Sie sich gelegentlich klar, dass sich Konflikte zu einem Problem aufschaukeln, weil unser
Verhalten unbewusst von biologischen, uralten
Überlebensstrategien geprägt wird. Da es in Ihrem
Zusammenleben mit Ihrem Mann oder Ihrer Frau
jedoch – so hoffe ich jedenfalls – selten um Leib
und Leben geht, sondern eher um Konzepte, Wer-
te, Ideen und Vorstellungen, ist der erste Schritt
raus aus dem Unglück, sich aus dem Klammergriff
der Biologie zu lösen.

Erst wenn wir nicht mehr *total gestresst reagieren*,
finden wir Zugang zu Kreativität, Spiel, Freude,
Entspannung, Leichtigkeit und Lebenskraft und
können unser Leben und unsere Partnerschaft bewusst gestalten – nach unseren eigenen Vorstellungen, Werten und Interessen.

Achtsamkeit heißt, sich für die gegenwärtige Erfahrung ganz zu öffnen. Ihr mit entspannter Wachheit zu begegnen und so von Moment zu Moment zu entdecken, was das Leben uns bietet.

Achtsamkeit hilft Ihnen, Ihre Erfahrungen mit Worten auszudrücken. Die körperlichen, emotionalen und verstandesmäßigen Eindrücke, die Sie in der Vergangenheit nur fühlen und ausagieren konnten, lernen Sie zu beobachten und zu beschreiben. Das bringt Ihnen selbst Klarheit. Statt den anderen zu einem ganz bestimmten Verhalten zu drängen, können Sie ihm mitteilen, wie Sie sich fühlen, was Sie brauchen und worum Sie ihn gerne bitten würden.

Vielleicht lässt sich in kritischen Momenten sogar in Worte fassen, dass Ihre Gefühle viel schlimmer wirken als die Situation selbst, sodass Ihr*e Lebensgefährte*in versteht, dass sie bzw. er nicht die Ursache für Ihre heftigen Gefühle ist. Sein Verhalten hat etwas in Ihnen ausgelöst, was emotional schwierig für Sie ist. Machen Sie nicht die anderen verantwortlich für Ihre Gefühle und Empfindungen, die ausschließlich etwas mit Ihrer eigenen Vergangenheit zu tun haben. Frei von Beschuldigungen ist es für Ihre*n Partner*in wahrscheinlich auch viel leichter, Anteil zu nehmen, zu trösten, zu unterstützen und mit Ihnen zusammen eine neue Sicht auf die Dinge zu gewinnen.

Das gute Wetter nutzen

Machen Sie die Übungen vor allen Dingen in Zeiten, in denen es Ihnen gut geht. Denn mit der Achtsamkeitspraxis verhält es sich wie mit dem Schwimmen. Wir lernen es am besten im ruhigen Wasser des Nichtschwimmerbeckens und nicht auf stürmischer See. Nutzen Sie die guten Tage, um Sicherheit, Zufriedenheit und Verbindung auf allen Ebenen zu fördern – für sich selbst mit den Übungen und auch im alltäglichen Miteinander. Bauen Sie Ihr Liebesnest bei gutem Wetter zu einem sicheren Haus aus. Machen Sie es Zug um Zug zu einem Gasthaus für Ihre Liebe.

5

Ein Gasthaus für die Liebe

Ein Gasthaus baut man nicht an einem Tag – erst muss ein Fundament her, dann müssen Räume hochgezogen und gestaltet werden. Es braucht Lager- und Arbeitsräume, Schlaf- und Ruheräume und einen Festsaal. Haben Sie Mitgefühl mit sich selbst, wenn das Baumaterial nicht immer gleich zur Verfügung steht. Wenn die Ressourcen knapp sind, weil Präsenz, Kontakt, Zuversicht, Mut und Dankbarkeit ein wenig rar sind. Das ist kein Fehler, sondern das Ergebnis Ihrer Lebenserfahrungen. Sie können jederzeit beginnen, neue Lebenserfahrungen zu sammeln, in Ihrem Organismus frische Spuren zu legen und ausgediente Wege versanden zu lassen.

Finden Sie heraus, welche Wege Sie gehen wollen, welche Spur Ihnen heute dient. Es mag sein, dass zu einer anderen Zeit in Ihrem Leben bestimmte Verhaltensweisen nützlich waren. Sie hätten sie nicht verinnerlicht, wenn sie nicht irgendwann einmal ein wirksames Mittel gegen Einsamkeit, Angst, Schmerz, Enttäuschung, Unsicherheit, Hunger oder Ähnliches gewesen wären. Entscheidend ist aber, wie es heute ist: Was Sie in der Vergangenheit in Ihrer Autonomie bestärkt hat, hält Sie heute vielleicht von Intimität und Vertrauen ab. Was Sie einmal vor An- und Übergriffen geschützt hat, führt in Ihrem heutigen Leben vielleicht dazu, dass Sie Ihre Gaben zurückhalten und nicht alles zeigen, was in Ihnen steckt.

Wie wäre es, wenn Sie den Schmerz und die Angst von damals endgültig überwinden und Ihr volles Potenzial leben könnten? Welche Auswirkung hätte es wohl auf Ihre Beziehung? Wie viel Mut, Entschlossenheit, Freude, Erfüllung und Lebenslust würden sich zeigen, wenn Sie sich aus den Klauen der Vergangenheit lösen und ganz im Hier und Jetzt leben könnten?

Indem wir unsere Gegenwart umwandeln, verwandeln wir auch unsere Vergangenheit.
Thich Nhat Hanh

Sollte die Atmosphäre in Ihrem Gasthaus dennoch mal muffig werden, dann ist es vielleicht an der Zeit, aufzuräumen und Staub zu wischen. Machen Sie sich frei von

S   chwarzseherei
T   ierischen Reflexen
A   ngst
U   nsicherheit
B   egierde

Nutzen Sie die Achtsamkeitsübungen in diesem Buch für einen ordentlichen Hausputz. Suchen Sie vielleicht auch darüber hinaus Weisheitslehrer, Therapeuten oder Coaches, die Sie tiefer in die Kunst der Achtsamkeitspraxis einführen können, als es mit einem Buch möglich ist.

Wenn wir etwas meistern wollen, ein Instrument, ein Sportgerät, eine Sprache oder eine Beziehung – dann braucht es vor allen Dingen

- Begeisterung
- Übungspraxis
- Ausdauer

Ich hoffe, dass Sie Lust bekommen haben, Ihre Beziehung weise zu leben und Krisen zu meistern, indem Sie ihnen achtsam und voller Liebe begegnen.

Ich wünsche Ihnen, liebe*r Leser*in, dass Sie mithilfe einer täglichen Achtsamkeitspraxis Ihren Lebensraum zu einem Ort der Entspannung, der Offenheit, des Mitgefühls und der Verbundenheit machen, sodass sich die Liebe bei Ihnen zu Hause fühlt; Sie selbst, Ihre Partner*innen und alle, die Ihr gemeinsames Haus besuchen, sich willkommen fühlen.

Das Gasthaus

Das menschliche Dasein ist ein Gasthaus.
Jeden Morgen eine Neuankunft:
Mal Freude, mal Depression, mal Niedertracht,
ein Moment der Achtsamkeit kommt als
unvermuteter Besucher.
Begrüße und bewirte sie alle!
Auch wenn es eine Horde Sorgen ist,
die gewaltsam alle Möbel
aus deinem Haus fegt.

Dennoch, behandle jeden Gast ehrenvoll.
Vielleicht macht er dich frei
für neue Freuden.
Düstere Gedanken, Scham, Bosheit,
begegne ihnen an der Tür – lachend.
Und bitte sie herein.
Sei dankbar für jeden, der kommt.
Denn ein jeder wurde zu dir geschickt,
als Führer aus einer anderen Welt.

Rumi

Hausapotheke auf einen Blick

Gegen Unsicherheit:

- Stress ausatmen
- Fester Boden
- Bewusst umschauen
- Tönen
- Pendeln
- Rückenlage
- Mutig sein
- Aus tiefstem Herzen »Ja« sagen
- Wut spüren
- Routine aufbauen

Gegen Unzufriedenheit:

- Dankbar sein
- Dank annehmen
- Die Arme ausbreiten
- Bügeln mit Hingabe
- Feiern

Gegen Trennungsgefühle:

- Atembetrachtung
- Umarmen
- Guter Kontakt
- Präsenz
- Wertschätzung

Gegen Unwohlsein:

- Tagebuch des guten Lebens
- Den Blick für Gutes schärfen
- Das Gute im anderen sehen

Gegen Angst:

- Selbstmitgefühl
- Notfallkoffer

Gegen Urteile, Kritik und Ablehnung:

- Wie beim ersten Mal
- Atmen mit Offenheit
- Sich wundern

Literatur

Davidson, Richard/Begley, Sharon: *Warum regst du dich so auf? Wie die Gehirnstruktur unsere Emotionen bestimmt*, Goldmann: München 2016.

Fredrickson, Barbara L.: *Die Macht der Liebe: Ein neuer Blick auf das größte Gefühl*, Campus: Frankfurt a.M. 2014.

Hanson, Rick/Mendius, Richard: *Das Gehirn eines Buddha: Die angewandte Neurowissenschaft von Glück, Liebe und Weisheit*, Arbor: Freiburg 2010.

Hanson, Rick/Valentin, Lienhard: *Meditationen für ein glückliches Gehirn. Wie Sie durch die Veränderung Ihres Gehirns Zufriedenheit und Frieden finden*, Arbor: Freiburg 2015.

Johnson, Susan M.: *Halt mich fest. Sieben Gespräche zu einem von Liebe erfüllten Leben. Emotionsfokussierte Therapie in der Praxis*, Junfermann: Paderborn 2011.

Johnson, Sue: *Liebe macht Sinn: Revolutionäre neue Erkenntnisse über das, was Paare zusammenhält*, btb: München 2014.

Kabat-Zinn, Jon et. al.: *Die heilende Kraft der Meditation. Wie sich unser Geist selbst heilen kann: Ein wissenschaftlicher Dialog mit dem Dalai Lama*, Arbor: Freiburg 2012.

Solomon, Marion/Tatkin, Stan: *Liebe und Krieg in Paarbeziehungen: Verbundenheit, Unverbundenheit und wechselseitige Regulation in der Paartherapie*, Junfermann: Paderborn 2013.

Weiner-Davis, Michele: *Jetzt ändere ich meinen Mann. Wie Sie ihn einfach umkrempeln, ohne dass er es merkt*, Piper: München 1999.

Weiner-Davis, Michele: *Das Scheidungs-Vermeidungs-Programm: Bevor Sie zum Anwalt gehen*, Klotz: Magdeburg 2016.

Lebenshilfe auf den Punkt gebracht

Achtsamkeit hilft uns, mit den Herausforderungen des Lebens geschickter umzugehen – und dabei die kleinen Freuden des gegenwärtigen Augenblicks aus vollem Herzen zu genießen. Die kompakten Pocketguides bieten einen unkomplizierten Einstieg: Eine Fülle an Übungen und Impulsen zeigt, wie sich Achtsamkeit konkret im Alltag umsetzen lässt.

ISBN 978-3-95803-080-0

ISBN 978-3-95803-007-7

ISBN 978-3-95803-047-3

ISBN 978-3-943416-92-3

Weitere erfolgreiche Titel
aus der Reihe »Achtsam leben«

»Das größte aller Wunder ist es,
lebendig zu sein. Achtsamkeit ermöglicht uns,
dieses Wunder zu berühren.«

Thich Nhat Hanh

ISBN 978-3-95803-029-9

ISBN 978-3-95803-032-9

ISBN 978-3-95803-089-3

ISBN 978-3-95803-046-6